COLLECTION POÉSIE

SAINT-JOHN PERSE

Amers

suivi de

Oiseaux

et de

Poésie

nrf

GALLIMARD

AMERS

INVOCATION

Et vous, Mers...

I

Et vous, Mers, qui lisiez dans de plus vastes songes, nous laisserez-vous un soir aux rostres de la Ville, parmi la pierre publique et les pampres de bronze ?

Plus large, ô foule, notre audience sur ce versant d'un âge sans déclin : la Mer, immense et verte comme une aube à l'orient des hommes,

La Mer en fête sur ses marches comme une ode de pierre : vigile et fête à nos frontières, murmure et fête à hauteur d'hommes — la Mer elle-même notre veille, comme une promulgation divine...

L'odeur funèbre de la rose n'assiégera plus les grilles du tombeau; l'heure vivante dans les palmes ne taira plus son âme d'étrangère... Amères, nos lèvres de vivants le furent-elles jamais ?

J'ai vu sourire aux feux du large la grande chose fériée : la Mer en fête de nos songes, comme une Pâque d'herbe verte et comme fête que l'on fête,

Toute la Mer en fête des confins, sous sa fauconnerie de nuées blanches, comme domaine de franchise et comme terre de mainmorte, comme province d'herbe folle et qui fut jouée aux dés...

Inonde, ô brise, ma naissance! Et ma faveur s'en aille au cirque de plus vastes pupilles!... Les sagaies de Midi vibrent aux portes de la joie. Les tambours du néant cèdent aux fifres de lumière. Et l'Océan, de toutes parts, foulant son poids de roses mortes,

Sur nos terrasses de calcium lève sa tête de Tétrarque!

2

« ... Je vous ferai pleurer, c'est trop de grâce parmi nous.

« Pleurer de grâce, non de peine, dit le Chanteur du plus beau chant ;
« Et de ce pur émoi du cœur dont j'ignore la source,
« Comme de ce pur instant de mer qui précède la brise... »

Parlait ainsi homme de mer, tenant propos d'homme de mer.
Louait ainsi, louant l'amour et le désir de mer
Et vers la mer, de toutes parts, ce ruissellement encore des sources du plaisir...

« C'est une histoire que je dirai, c'est une histoire qu'on entendra ;
« C'est une histoire que je dirai comme il convient qu'elle soit dite,
« Et de telle grâce sera-t-elle dite qu'il faudra bien qu'on s'en réjouisse :

« Certes, une histoire qu'on veuille entendre, dans l'insouciance encore de la mort,
« Et telle et telle, en sa fraîcheur, au cœur de l'homme sans mémoire,
« Qu'elle nous soit faveur nouvelle et comme brise d'estuaire en vue des lampes de la terre.

« Et de ceux-là qui l'entendront, assis sous le grand arbre du chagrin,
« Il en est peu qui ne se lèvent, qui ne se lèvent avec nous et n'aillent, souriant,
« Dans les fougères encore de l'enfance et le déroulement des crosses de la mort. »

3

Poésie pour accompagner la marche d'une récitation en l'honneur de la Mer.

Poésie pour assister le chant d'une marche au pourtour de la Mer.

Comme l'entreprise du tour d'autel et la gravitation du chœur au circuit de la strophe.

Et c'est un chant de mer comme il n'en fut jamais chanté, et c'est la Mer en nous qui le chantera :

La Mer, en nous portée, jusqu'à la satiété du souffle et la péroraison du souffle,

La Mer, en nous, portant son bruit soyeux du large et toute sa grande fraîcheur d'aubaine par le monde.

Poésie pour apaiser la fièvre d'une veille au périple de mer. Poésie pour mieux vivre notre veille au délice de mer.

Et c'est un songe en mer comme il n'en fut jamais songé, et c'est la Mer en nous qui le songera :

La Mer, en nous tissée, jusqu'à ses ronceraies d'abîme, la Mer, en nous, tissant ses grandes heures de lumière et ses grandes pistes de ténèbres —

Toute licence, toute naissance et toute résipiscence, la Mer! la Mer! à son afflux de mer,

Dans l'affluence de ses bulles et la sagesse infuse de son lait, ah! dans l'ébullition sacrée de ses voyelles — les saintes filles! les saintes filles! —

La Mer elle-même tout écume, comme Sibylle en fleur sur sa chaise de fer...

4

Ainsi louée, serez-vous ceinte, ô Mer, d'une louange sans offense.
Ainsi conviée serez-vous l'hôte dont il convient de taire le mérite.
Et de la Mer elle-même il ne sera question, mais de son règne au cœur de l'homme :
Comme il est bien, dans la requête au Prince, d'interposer l'ivoire ou bien le jade
Entre la face suzeraine et la louange courtisane.

Moi, m'inclinant en votre honneur d'une inclinaison sans bassesse,
J'épuiserai la révérence et le balancement du corps;
Et la fumée encore du plaisir enfumera la tête du fervent,
Et le délice encore du mieux dire engendrera la grâce du sourire...

Et de salutation telle serez-vous saluée, ô Mer, qu'on s'en souvienne pour longtemps comme d'une récréation du cœur.

5

... Or il y avait un si long temps que j'avais goût de ce poème, mêlant à mes propos du jour toute cette alliance, au loin, d'un grand éclat de mer — comme en bordure de forêt, entre les feuilles de laque noire, le gisement soudain d'azur et de ciel gemme : écaille vive, entre les mailles, d'un grand poisson pris par les ouïes!

Et qui donc m'eût surpris dans mon propos secret ? gardé par le sourire et par la courtoisie; parlant, parlant langue d'aubain parmi les hommes de mon sang — à l'angle peut-être d'un Jardin public, ou bien aux grilles effilées d'or de quelque Chancellerie; la face peut-être de profil et le regard au loin, entre mes phrases, à tel oiseau chantant son lai sur la Capitainerie du Port.

Car il y avait un si long temps que j'avais goût de ce poème, et ce fut tel sourire en moi de lui garder ma prévenance : tout envahi, tout investi, tout menacé du grand poème, comme d'un lait de madrépore; à son afflux, docile, comme à la quête de minuit, dans un soulèvement très lent des grandes eaux du songe, quand les pulsations du large tirent avec douceur sur les aussières et sur les câbles.

Et comment il nous vint à l'esprit d'engager ce poème, c'est ce qu'il faudrait dire. Mais n'est-ce pas assez d'y trouver son plaisir ? Et bien fût-il, ô dieux! que j'en prisse soin, avant qu'il ne nous fût repris... Va voir, enfant, au tournant de la rue, comme les Filles de Halley, les belles visiteuses célestes en habit de Vestales, engagées dans la nuit à l'hameçon de verre, sont promptes à se reprendre au tournant de l'ellipse.

Morganatique au loin l'Épouse, et l'alliance, clandestine!... Chant d'épousailles, ô Mer, sera pour vous le chant : « Mon dernier chant! mon dernier chant! et qui sera d'homme de mer... » Et si ce n'est ce chant, je vous le demande, qu'est-ce qui témoignera en faveur de la Mer — la Mer sans stèles ni portiques, sans Alyscamps ni Propylées; la Mer sans dignitaires de pierre à ses terrasses circulaires, ni rang de bêtes bâtées d'ailes à l'aplomb des chaussées ?

Moi j'ai pris charge de l'écrit, j'honorerai l'écrit. Comme à la fondation d'une grande œuvre votive, celui qui s'est offert à rédiger le texte et la notice; et fut prié par l'Assemblée des Donateurs, y ayant seul vocation. Et nul n'a su comment il s'est mis à l'ouvrage : dans un quartier, vous dira-t-on, d'équarrisseurs ou de fondeurs — par temps d'émeute populaire — entre les cloches du couvre-feu et les tambours d'une aube militaire...

Et au matin déjà la Mer cérémonielle et neuve lui sourit au-dessus des corniches. Et voici qu'en sa page se mire l'Étrangère... Car il y avait un si long temps qu'il avait goût de ce poème; y ayant telle vocation... Et ce fut telle douceur un soir de lui marquer sa prévenance; et d'y céder, telle impatience. Et le sourire aussi fut tel, de lui prêter alliance... « Mon dernier chant! mon dernier chant!... et qui sera d'homme de mer... »

6

Et c'est la Mer qui vint à nous sur les degrés de pierre du drame :

Avec ses Princes, ses Régents, ses Messagers vêtus d'emphase et de métal, ses grands Acteurs aux yeux crevés et ses Prophètes à la chaîne, ses Magiciennes trépignant sur leurs socques de bois, la bouche pleine de caillots noirs, et ses tributs de Vierges cheminant dans les labours de l'hymne,

Avec ses Pâtres, ses Pirates et ses Nourrices d'enfants-rois, ses vieux Nomades en exil et ses Princesses d'élégie, ses grandes Veuves silencieuses sous des cendres illustres, ses grands Usurpateurs de trônes et Fondateurs de colonies lointaines, ses Prébendiers et ses Marchands, ses grands Concessionnaires des provinces d'étain, et ses grands Sages voyageurs à dos de buffles de rizières,

Avec tout son cheptel de monstres et d'humains, ah! tout son croît de fables immortelles, nouant à ses ruées d'esclaves et d'ilotes ses grands Bâtards divins et ses grandes filles d'Étalons — une foule en hâte se levant aux travées de l'Histoire et se portant en masse vers l'arène, dans le premier frisson du soir au parfum de fucus,

Récitation en marche vers l'Auteur et vers la bouche peinte de son masque.

★

Ainsi la Mer vint-elle à nous dans son grand âge et dans ses grands plissements hercyniens — toute la mer à son affront de mer, d'un seul tenant et d'une seule tranche!

Et comme un peuple jusqu'à nous dont la langue est

nouvelle, et comme une langue jusqu'à nous dont la phrase est nouvelle, menant à ses tables d'airain ses commandements suprêmes,

Par grands soulèvements d'humeur et grandes intumescences du langage, par grands reliefs d'images et versants d'ombres lumineuses, courant à ses splendeurs massives d'un très beau style périodique, et telle, en ses grands feux d'écailles et d'éclairs, qu'au sein des meutes héroïques,

La Mer mouvante et qui chemine au glissement de ses grands muscles errants, la Mer gluante au glissement de plèvre, et toute à son afflux de mer, s'en vint à nous sur ses anneaux de python noir,

Très grande chose en marche vers le soir et vers la transgression divine...

★

Et ce fut au couchant, dans les premiers frissons du soir encombré de viscères, quand, sur les temples frettés d'or et dans les Colisées de vieille fonte ébréchés de lumière, l'esprit sacré s'éveille aux nids d'effraies, parmi l'animation soudaine de l'ample flore pariétale.

Et comme nous courions à la promesse de nos songes, sur un très haut versant de terre rouge chargé d'offrandes et d'aumaille, et comme nous foulions la terre rouge du sacrifice, parée de pampres et d'épices, tel un front de bélier sous les crépines d'or et sous les ganses, nous avons vu monter au loin cette autre face de nos songes : la chose sainte à son étiage, la Mer, étrange, là, et qui veillait sa veille d'Étrangère — inconciliable, et singulière, et à jamais inappariée — la Mer errante prise au piège de son aberration.

Élevant l'anse de nos bras à l'appui de notre « Aâh... », nous avons eu ce cri de l'homme à la limite de l'humain; nous avons eu, sur notre front, cette charge royale de l'offrande : toute la Mer fumante de nos vœux comme une cuve de fiel noir, comme un grand bac d'entrailles et d'abats aux cours pavées du Sacrificateur!

Nous avons eu, nous avons eu... Ah! dites-le encore, était-ce bien ainsi ?... Nous avons eu — et ce fut telle splendeur de fiels et de vins noirs! — la Mer plus haut que notre face, à hauteur de notre âme; et dans sa crudité sans nom à hauteur de notre âme, toute sa dépouille à vif sur le tambour du ciel, comme aux grands murs d'argile désertés,

Sur quatre pieux de bois, tendue! une peau de buffle mise en croix.

★

... Et de plus haut, et de plus haut déjà, n'avions-nous vu la Mer plus haute à notre escient,

Face lavée d'oubli dans l'effacement des signes, pierre affranchie pour nous de son relief et de son grain ? — et de plus haut encore et de plus loin, la Mer plus haute et plus lointaine... inallusive et pure de tout chiffre, la tendre page lumineuse contre la nuit sans tain des choses ?...

Ah! quel grand arbre de lumière prenait ici la source de son lait!... Nous n'avons pas été nourris de ce lait-là! Nous n'avons pas été nommés pour ce rang-là! Et filles de mortelles furent nos compagnes éphémères, menacées dans leur chair... Rêve, ô rêve tout haut ton rêve d'homme et d'immortel!... « Ah! qu'un Scribe s'approche et je lui dicterai... »

Nul Asiarque chargé d'un ordre de fêtes et de jeux eût-il jamais rêvé pareille rêverie d'espace et de loisir ? Et qu'il y eût en nous un tel désir de vivre à cet accès, n'est-ce point là, ô dieux! ce qui nous qualifiait ?... Ne vous refermez point, paupière, que vous n'ayez saisi l'instant d'une telle équité! « Ah! qu'un homme s'approche et je lui dicterai... »

Le Ciel qui vire au bleu de mouette nous restitue déjà notre présence, et sur les golfes assaillis vont nos millions de lampes d'offrande, s'égarant — comme quand le cinabre est jeté dans la flamme pour exalter la vision.

★

Car tu nous reviendras, présence! au premier vent du soir,

Dans ta substance et dans ta chair et dans ton poids de mer, ô glaise! dans ta couleur de pierre d'étable et de dolmen, ô mer! — parmi les hommes engendrés et leurs contrées de chênes rouvres, toi Mer de force et de labour,

Mer au parfum d'entrailles femelles et de phosphore, dans les grands fouets claquants du rapt! Mer saisissable au feu des plus beaux actes de l'esprit!... (Quand les Barbares sont à la Cour pour un très bref séjour, l'union avec les filles de serfs rehausse-t-elle d'un si haut ton le tumulte du sang ?...)

« Guide-moi, plaisir, sur les chemins de toute mer; au frémissement de toute brise où s'alerte l'instant, comme l'oiseau vêtu de son vêtement d'ailes... Je vais, je vais un chemin d'ailes, où la tristesse elle-même n'est plus qu'aile... Le beau pays natal est à reconquérir, le beau pays du Roi qu'il n'a revu depuis l'enfance, et sa défense est dans mon chant. Commande, ô fifre, l'action, et cette grâce encore d'un amour qui ne nous mette en main que les glaives de joie!... »

Et vous, qu'êtes-vous donc, ô Sages! pour nous réprimander, ô Sages ? Si la fortune de mer nourrit encore, en sa saison, un grand poème hors de raison, m'en refuserez-vous l'accès ? Terre de ma seigneurie, et que j'y entre, moi! n'ayant nulle honte à mon plaisir... « Ah! qu'un Scribe s'approche et je lui dicterai... » Et qui donc, né de l'homme, se tiendrait sans offense aux côtés de ma joie ?

— Ceux-là qui, de naissance, tiennent leur connaissance au-dessus du savoir.

STROPHE

I

Des Villes hautes s'éclairaient
sur tout leur front de mer...

I

Des Villes hautes s'éclairaient sur tout leur front de mer, et par de grands ouvrages de pierre se baignaient dans les sels d'or du large.

Les Officiers de port siégeaient comme gens de frontière : conventions de péage, d'aiguade; travaux d'abornement et règlements de transhumance.

On attendait les Plénipotentiaires de haute mer. Ha! que l'alliance enfin nous fût offerte!... Et la foule se portait aux avancées d'escarpes en eau vive,

Au bas des rampes coutumières, et jusqu'aux pointes rocheuses, à ras mer, qui sont le glaive et l'éperon des grands concepts de pierre de l'épure.

Quel astre fourbe au bec de corne avait encore brouillé le chiffre, et renversé les signes sur la table des eaux ?

Aux bassins éclusés des Prêtres du Commerce, comme aux bacs avariés de l'alchimiste et du foulon,

Un ciel pâle diluait l'oubli des seigles de la terre... Les oiseaux blancs souillaient l'arête des grands murs.

2

Architecture frontalière. Travaux mixtes des ports... Nous vous prions, Mer mitoyenne, et vous, Terre d'Abel!

Les prestations sont agréées, les servitudes échangées. Corvéable la terre au jugement de la pierre!

La mer louable ouvrait ses blocs de jaspe vert. Et l'eau meuble lavait les bases silencieuses.

« Trouve ton or, Poète, pour l'anneau d'alliance; et tes alliages pour les cloches, aux avenues de pilotage.

« C'est brise de mer à toutes portes et mer à bout de toutes rues, c'est brise et mer dans nos maximes et la naissance de nos lois.

« Règle donnée du plus haut luxe : un corps de femme — nombre d'or! — et pour la Ville sans ivoires, ton nom de femme, Patricienne! »

Car nous tenons tout à louage, et c'est assez d'emmailler l'heure aux mailles jaunes de nos darses...

La mer aux spasmes de méduse menait, menait ses répons d'or, par grandes phrases lumineuses et grandes affres de feu vert.

Et l'écusson béant encore aux dédicaces d'avant-port, les hommes de mémoire votaient pour quelque bête ailée;

Mais l'anneau mâle, au mufle des musoirs, sous le trophée de plume blanche, rêvait, rêvait, parmi l'écume,

De plus lointains relais où fument d'autres encolures...

3

Ailleurs l'histoire fut moins claire. Des Villes basses prospéraient dans l'ignorance de la mer, assises entre leurs cinq collines et leurs biches de fer;

Ou s'élevant, au pas du pâtre, parmi l'herbe, avec les mules de litière et les attelages du publicain, elles s'en allaient peupler là-haut tout un versant de terres grasses, décimables.

Mais d'autres, lasses, s'adossaient à l'étendue des eaux par leurs grands murs d'asiles et de pénitenciers, couleur d'anis et de fenouil, couleur du séneçon des pauvres.

Et d'autres qui saignaient comme des filles-mères, les pieds tachés d'écailles et le front de lichen, descendaient aux vasières d'un pas de vidangeuses.

Port d'échouage sur béquilles. Tombereaux aux marges des lagunes, sur les entablements de maërl et de craie noire.

Nous connaissons ces fins de sentes, de ruelles; ces chaussées de halage et ces fosses d'usage, où l'escalier rompu déverse son alphabet de pierre. Nous t'avons vue, rampe de fer, et cette ligne de tartre rose à l'étiage de basse mer,

Là où les filles de voirie, sous les yeux de l'enfance, se dépouillent un soir de leur linge mensuel.

Ici l'alcôve populaire et sa litière de caillots noirs. La mer incorruptible y lave ses souillures. Et c'est un lapement de chienne aux caries de la pierre. Il vient aux lignes de suture un revêtement doux de petites algues violettes, comme du poil de loutre...

Plus haut la place sans margelle, pavée d'or sombre et de nuit verte comme une paonne de Colchide — la grande rose de pierre noire des lendemains d'émeute, et la fontaine au bec de cuivre où l'homme saigne comme un coq.

4

Tu t'en venais, rire des eaux, jusqu'à ces aîtres du terrien.

Au loin l'averse traversée d'iris et de faucilles lumineuses s'ouvrait la charité des plaines; les porcs sauvages fouillaient la terre aux masques d'or; les vieillards attaquaient au bâton les vergers; et par-dessus les vallons bleus peuplés d'abois, la corne brève du messier rejoignait dans le soir la conque vaste du mareyeur... Des hommes avaient un bruant jaune dans une cage d'osier vert.

Ah! qu'un plus large mouvement des choses à leur rive, de toutes choses à leur rive et comme en d'autres mains, nous aliénât enfin l'antique Magicienne : la Terre et ses glands fauves, la lourde tresse circéenne, et les rousseurs du soir en marche dans les prunelles domestiques!

Une heure avide s'empourprait dans les lavandes maritimes. Des astres s'éveillèrent dans la couleur des menthes du désert. Et le Soleil du pâtre, à son déclin, sous les huées d'abeilles, beau comme un forcené dans les débris du temple, descendit aux chantiers vers les bassins de carénage.

Là s'avinaient, parmi les hommes de labour et les forgerons de mer, les étrangers vainqueurs d'énigmes de la route. Là s'échauffait, avant la nuit, l'odeur de vulve des eaux basses. Les feux d'asile rougeoyaient dans leurs paniers de fer. L'aveugle décelait le crabe des tombeaux. Et la lune au quartier des pythonisses noires

Se grisait d'aigres flûtes et de clameurs d'étain : « Tourment des hommes, feu du soir! Cent dieux muets sur leurs tables de pierre! Mais la mer à jamais derrière vos tables de famille, et tout ce parfum d'algue de la femme, moins fade que le pain des prêtres... Ton cœur d'homme, ô passant, campera ce soir avec les gens du port, comme un chaudron de flammes rouges sur la proue étrangère. »

Avis au Maître d'astres et de navigation.

II

Du Maître d'astres et de navigation

Du Maître d'astres et de navigation :

« Ils m'ont appelé l'Obscur, et mon propos était de mer.
« L'Année dont moi je parle est la plus grande Année; la Mer où j'interroge est la plus grande Mer.
« Révérence à ta rive, démence, ô Mer majeure du désir...
« La condition terrestre est misérable, mais mon avoir immense sur les mers, et mon profit incalculable aux tables d'outre-mer.

« Un soir ensemencé d'espèces lumineuses
« Nous tient au bord des grandes Eaux comme au bord de son antre la Mangeuse de mauves,
« Celle que les vieux Pilotes en robe de peau blanche
« Et leurs grands hommes de fortune porteurs d'armures et d'écrits, aux approches du roc noir illustré de rotondes, ont coutume de saluer d'une ovation pieuse.

« Vous suivrai-je, Comptables! et vous Maîtres du nombre!
« Divinités furtives et fourbes, plus que n'est, avant l'aube, la piraterie de mer ?
« Les agioteurs de mer s'engagent avec bonheur
« Dans les spéculations lointaines : les postes s'ouvrent, innombrables, au feu des lignes verticales...

« Plus que l'Année appelée héliaque en ses mille et milliers

« De millénaires ouverte, la Mer totale m'environne. L'abîme infâme m'est délice, et l'immersion, divine.

« Et l'étoile apatride chemine dans les hauteurs du Siècle vert,

« Et ma prérogative sur les mers est de rêver pour vous ce rêve du réel... Ils m'ont appelé l'Obscur et j'habitais l'éclat. »

★

« Secret du monde, va devant ! Et l'heure vienne où la barre

« Nous soit enfin prise des mains !... J'ai vu glisser dans l'huile sainte les grandes oboles ruisselantes de l'horlogerie céleste,

« De grandes paumes avenantes m'ouvrent les voies du songe insatiable,

« Et je n'ai pas pris peur de ma vision, mais m'assurant avec aisance dans le saisissement, je tiens mon œil ouvert à la faveur immense, et dans l'adulation.

« Seuil de la connaissance ! avant-seuil de l'éclat !... Fumées d'un vin qui m'a vu naître et ne fut point ici foulé.

« La mer elle-même comme une ovation soudaine ! Conciliatrice, ô Mer, et seule intercession !... Un cri d'oiseau sur les récifs, la brise en course à son office,

« Et l'ombre passe d'une voile aux lisières du songe...

« Je dis qu'un astre rompt sa chaîne aux étables du Ciel. Et l'étoile apatride chemine dans les hauteurs du Siècle vert... Ils m'ont appelé l'Obscur et mon propos était de mer. »

★

« Révérence à ton dire, Pilote. Ceci n'est point pour l'œil de chair,

« Ni pour l'œil blanc cilié de rouge que l'on peint au plat-bord des vaisseaux. Ma chance est dans l'adulation du soir et dans l'ivresse bleu d'argus où court l'haleine prophétique, comme la flamme de feu vert parmi la flore récifale.

« Dieux! nul besoin d'arômes ni d'essences sur les réchauds de fer, à bout de promontoires,

« Pour voir passer avant le jour, et sous ses voiles déliés, au pas de sa féminité, la grande aube délienne en marche sur les eaux...

« — Toutes choses dites dans le soir et dans l'adulation du soir.

« Et toi qui sais, Songe incréé, et moi, créé, qui ne sais pas, que faisons-nous d'autre, sur ces bords, que disposer ensemble nos pièges pour la nuit ?

« Et Celles qui baignent dans la nuit, au bout des îles à rotondes,

« Leurs grandes urnes ceintes d'un bras nu, que font-elles d'autre, ô pieuses, que nous-mêmes ?... Ils m'ont appelé l'Obscur et j'habitais l'éclat. »

III

Les Tragédiennes sont venues...

Les Tragédiennes sont venues, descendant des carrières. Elles ont levé les bras en l'honneur de la Mer : « Ah! nous avions mieux auguré du pas de l'homme sur la pierre!

« Incorruptible Mer, et qui nous juge!... Ah! nous avions trop présumé de l'homme sous le masque! Et nous qui mimons l'homme parmi l'épice populaire, ne pouvions-nous garder mémoire de ce plus haut langage sur les grèves ?

« Nos textes sont foulés aux portes de la Ville — porte du vin, porte du grain —. Les filles traînent au ruisseau nos larges perruques de crin noir, nos lourdes plumes avariées, et les chevaux s'empêtrent du sabot dans les grands masques de théâtre.

« Ô Spectres, mesurez vos fronts de singes et d'iguanes à l'ove immense de nos casques, comme au terrier des conques la bête parasite... De vieilles lionnes au désert accablent les margelles de pierre de la scène. Et la sandale d'or des grands Tragiques luit dans les fosses d'urine de l'arène

« Avec l'étoile patricienne et les clefs vertes du Couchant. »

☆

« Mais nous levons encore nos bras en l'honneur de la Mer. À l'aisselle safranée toute l'épice et le sel de la terre! — haut relief de la chair, modelée comme une aine, et cette offrande encore de l'argile humaine où perce la face inachevée du dieu.

« À l'hémicycle de la Ville, dont la mer est la scène, l'arc tendu de la foule nous tient encore sur sa corde. Et toi qui danses danse de foule, haute parole de nos pères, ô Mer tribale sur ta lande, nous seras-tu mer sans réponse et songe plus lointain qu'un songe de Sarmate ?

« La roue du drame tourne sur la meule des Eaux, broyant la violette noire et l'ellébore dans les sillons ensanglantés du soir. Toute vague vers nous lève son masque d'acolyte. Et nous, levant nos bras illustres, et nous tournant encore vers la Mer, à notre aisselle nourrissant les mufles ensanglantés du soir,

« Parmi la foule, vers la Mer, nous nous mouvons en foule, de ce mouvement très large qu'empruntent à toute houle nos larges hanches de rurales — ah! plus terriennes que la plèbe et que le blé des Rois!

« Et nos chevilles aussi sont peintes de safran, nos paumes peintes de murex en l'honneur de la Mer! »

☆

Les Tragédiennes sont venues, descendant les ruelles. Se sont mêlées aux gens du port dans leurs habits de scène. Se sont frayé leur route jusqu'au rebord de mer. Et dans la foule s'agençaient leurs vastes hanches de rurales. « Voici nos bras, voici nos mains! nos paumes peintes comme des bouches, et nos blessures feintes pour le drame! »

Elles mêlaient aux événements du jour leurs vastes pupilles dilatées et leurs paupières fabuleuses en forme de navettes. À la fourche des doigts l'orbite vide du très grand masque entroué d'ombres comme la grille du cryptographe. « Ah! nous avions trop présumé du masque et de l'écrit! »

Elles descendirent, et leurs voix mâles, les escaliers sonores du port. Menant jusqu'au rebord de mer leur reflet de grands murs et leur blanc de céruse. Et de fouler la pierre étoilée d'astres des rampes et des môles, voici qu'elles retrouvaient ce pas de vieilles lionnes ensellées au sortir des tanières...

« Ah! nous avions mieux auguré de l'homme sur la pierre. Et nous marchons enfin vers toi, Mer légendaire de nos pères! Voici nos corps, voici nos bouches! nos larges fronts au double lobe de génisses, et nos genoux modelés en forme de médailles, d'un très large module. Agréeras-tu, Mer exemplaire, nos flancs marqués de vergetures pour les maturations du drame? Voici nos gorges de Gorgones, nos cœurs de louves sous la bure, et nos tétines noires pour la foule, nourrices d'un peuple d'enfants-rois. Nous faudra-t-il, haussant la bure théâtrale, au bouclier sacré du ventre produire le masque chevelu du sexe,

« Comme au poing du héros, par sa touffe de crin noir contre l'épée hagarde, la tête tranchée de l'Étrangère ou de la Magicienne? »

☆

« Oui, ce fut un long temps d'attente et de sécheresse, où la mort nous guettait à toutes chutes de l'écrit. Et l'ennui fut si grand, parmi nos toiles peintes, l'écœurement en nous si grand, derrière nos masques, de toute l'œuvre célébrée !...

« Nos cirques de pierre ont vu décroître le pas de l'homme sur la scène. Et certes nos tables de bois d'or furent parées de tous les fruits du siècle, et nos crédences d'avant-scène de tous les vins du mécénat. Mais la lèvre divine errait sur d'autres coupes, et la Mer à longs traits se retirait des songes du Poète.

« La Mer au sel violet nous disputera-t-elle les filles hautaines de la gloire ?... Où notre texte, où notre règle ?... Et pour parer encore aux charges de la scène, en quelles cours de Despotes nous faudra-t-il chercher caution, de nos grands Commensaux ?

« Toujours il y eut, derrière la foule riveraine, ce pur grief d'un autre songe — ce plus grand songe d'un autre art, ce plus grand songe d'une autre œuvre, et cette montée toujours du plus grand masque à l'horizon des hommes, ô Mer vivante du plus grand texte !... Tu nous parlais d'un autre vin des hommes, et sur nos textes avilis il y eut soudain cette bouderie des lèvres qu'engendre toute satiété,

« Et nous savons maintenant ce qui nous arrêtait de vivre, au milieu de nos strophes. »

☆

« Nous t'appelons, reflux! nous guetterons, houle étrangère, ta course errante par le monde. Et s'il nous faut, plus libres, nous faire plus neuves pour l'accueil, nous dépouillons en vue de mer tout équipement et toute mémoire.

« Ô Mer nourrice du plus grand art, nous Vous offrons nos corps lavés dans les vins forts du drame et de la foule. Nous déposons en vue de mer, comme aux abords des temples, nos harnachements de scène et nos accoutrements d'arène. Et comme les filles de foulons aux grandes fêtes trisannuelles — ou celles qui brassent du bâton la couleur mère dans les bacs, et celles rouges jusqu'à l'aine qui pressent nues les grappes dans la cuve — exposent sur la voie publique leurs ustensiles d'un bois pauvre, nous portons à l'honneur les instruments usés de notre office.

« Nos masques et thyrses nous déposons, nos tiares et sceptres déposons, et nos grandes flûtes de bois noir comme férules de magiciennes — nos armes aussi et nos carquois, nos cottes d'écailles, nos tuniques, et nos toisons des très grands rôles; nos beaux cimiers de plume rose et nos coiffures des camps barbares à double corne de métal, nos boucliers massifs aux gorges de déesses, nous déposons, nous déposons!... Pour vous, Mer étrangère, nos très grands peignes d'apparat, comme des outils de tisserandes, et nos miroirs d'argent battu comme les crotales de l'Initiée; nos grands joyaux d'épaule en forme de lucanes, nos grandes agrafes ajourées et nos fibules nuptiales.

« Nos voiles aussi nous déposons, nos bures peintes du sang des meurtres, nos soieries teintes du vin des

Cours; et nos bâtons aussi de mendiantes, et nos bâtons à crosse de suppliantes — avec la lampe et le rouet des veuves, et la clepsydre de nos gardes, et la lanterne de corne du guetteur; le crâne d'oryx gréé en luth, et nos grands aigles ouvragés d'or et autres trophées du trône et de l'alcôve — avec la coupe et l'urne votive, l'aiguière et le bassin de cuivre pour l'ablution de l'hôte et le rafraîchissement de l'Étranger, les buires et fioles du poison, les coffrets peints de l'Enchanteresse et les présents de l'Ambassade, les étuis d'or pour le message et les brevets du Prince travesti — avec la rame du naufrage, la voile noire du présage et les flambeaux du sacrifice; avec aussi l'insigne royal, et les flabelles du triomphe, et les trompettes de cuir rouge de nos Annonciatrices... tout l'appareil caduc du drame et de la fable, nous déposons! nous déposons!...

« Mais nous gardons, ô Mer promise! avec nos socques de bois dur, nos anneaux d'or en liasse à nos poignets d'amantes, pour la scansion d'œuvres futures, de très grandes œuvres à venir, dans leur pulsation nouvelle et leur incitation d'ailleurs. »

☆

« Dénuement! dénuement!... Nous implorons qu'en vue de mer il nous soit fait promesse d'œuvres nouvelles : d'œuvres vivaces et très belles, qui ne soient qu'œuvre vive et ne soient qu'œuvre belle — de grandes œuvres séditieuses, de grandes œuvres licencieuses, ouvertes à toutes prédations de l'homme, et qui recréent pour nous le goût de vivre l'homme, à son écart, au plus grand pas de l'homme sur la pierre.

« Très grandes œuvres et telles, sur l'arène, qu'on n'en sache plus l'espèce ni la race... Ah! qu'un grand style encore nous surprenne, en nos années d'usure, qui nous vienne de mer et de plus loin nous vienne, ah! qu'un plus large mètre nous enchaîne à ce plus grand récit des choses par le monde, derrière toutes choses de ce monde, et qu'un plus large souffle en nous se lève, qui nous soit comme la mer elle-même et son grand souffle d'étrangère!

« De plus grand mètre à nos frontières, il n'en est point qu'on sache. Enseigne-nous, Puissance! le vers majeur du plus grand ordre, dis-nous le ton du plus grand art, Mer exemplaire du plus grand texte! le mode majeur enseigne-nous, et la mesure enfin nous soit donnée qui, sur les granits rouges du drame, nous ouvre l'heure dont on s'éprenne!... Au mouvement des eaux princières, qui renouera pour nous la grande phrase prise au peuple ?

« Nos hanches qu'enseigne toute houle, à ce mouvement lointain de foule déjà s'émeuvent et s'apparentent. Qu'on nous appelle encore sur la pierre, à notre pas de Tragédiennes! Qu'on nous oriente encore vers la mer, sur le grand arc de pierre nue dont la corde est la scène, et qu'on nous mette entre les mains, pour la grandeur de l'homme sur la scène, de ces grands textes que nous disons : ensemencés d'éclairs et semoncés d'orages, comme brûlés d'orties de mer et de méduses irritantes, où courent avec les feux du large les grands aveux du songe et les usurpations de l'âme. Là siffle la pieuvre du plaisir; là brille l'étincelle même du malheur, comme le sel violet de mer aux flammes vertes des feux d'épaves... Donnez-nous de vous lire, promesses! sur de plus libres seuils, et les grandes phrases du Tragique, dans l'or sacré du soir, nous surprendront encore au-dessus de la foule,

« Comme au-delà du Mur de pierre, sur la haute page tendue du ciel et de la mer, ces longs convois de nefs sous voiles qui doublent soudain la pointe des Caps, pendant l'évolution du drame sur la scène... »

☆

« Ah! notre cri fut cri d'Amantes! Mais nous-mêmes, Servantes, qui donc nous visitera dans nos chambres de pierre, entre la lampe mercenaire et le trépied de fer de l'épileuse ? Où notre texte ? où notre règle ? Et le Maître, quel est-il, qui nous relèvera de notre déchéance ? Où donc Celui — ah qu'il nous tarde! — qui de nous sache se saisir, et murmurantes encore nous élève, aux carrefours du drame, comme un puissant branchage aux bouches des sanctuaires ?

« Ah! qu'il vienne, Celui — nous viendra-t-il de mer ou bien des Îles ? — qui nous tiendra sous sa férule! De nous, vivantes, qu'il se saisisse, ou de lui nous nous saisirons!... Homme nouveau dans son maintien, indifférent à son pouvoir et peu soucieux de sa naissance : les yeux encore brûlés des mouches écarlates de sa nuit... Qu'il assemble en ses rênes ce très grand cours épars des choses errantes dans le siècle!

« À cette crispation secrète d'un aigle dans nos flancs, nous connaîtrons l'approche despotique — comme à ce froncement d'un souffle sur les eaux, bouderie secrète du génie flairant au loin la piste de ses dieux... Textuelle, la Mer

« S'ouvre nouvelle sur ses grands livres de pierre. Et nous n'avions trop présumé des chances de l'écrit!... Écoute, homme des dieux, le pas du Siècle en marche vers l'arène. — Nous, hautes filles safranées dans les conseils ensanglantés du soir, teintes des feux du soir jusqu'en la fibre de nos ongles, nous lèverons plus haut nos bras illustres vers la Mer!...

« Nous requérons faveur nouvelle pour la rénovation du drame et la grandeur de l'homme sur la pierre. »

IV

Les Patriciennes aussi sont aux terrasses...

Les Patriciennes aussi sont aux terrasses, les bras chargés de roseaux noirs :

« ... Nos livres lus, nos songes clos, n'était-ce que cela ? Où donc la chance, où donc l'issue ? Où vint la chose à nous manquer, et le seuil quel est-il, que nous n'avons foulé ?

« Noblesse, vous mentiez ; naissance, trahissiez ! Ô rire, gerfaut d'or sur nos jardins brûlés !... Le vent soulève aux Parcs de chasse la plume morte d'un grand nom.

« La rose un soir fut sans arôme, la roue lisible aux cassures fraîches de la pierre, et la tristesse ouvrit sa bouche dans la bouche des marbres. (Dernier chantant à nos treillages d'or, le Noir qui saigne nos lionceaux et donnera ce soir l'envol à nos couvées d'Asie.)

« Mais la Mer était là, que nul ne nous nommait. Et tant de houles s'alitaient aux paliers de nos cèdres ! Se peut-il, se peut-il — avec tout l'âge de la mer dans nos regards de femmes, avec tout l'astre de la mer dans nos soieries du soir

« Et tout l'aveu de mer au plus intime de nos corps — se peut-il, ô prudence ! qu'on nous ait cru tenir un si long temps derrière les ifs et les flambeaux de cour et les boiseries sculptées de cèdre ou de thuya, parmi ces feuilles que l'on brûle ?...

« Un soir d'étrange rumeur à nos confins de fête, quand l'honneur désertait les fronts les plus illustres, nous sommes sorties seules de ce côté du soir et des terrasses où l'on entend croître la mer à nos confins de pierre.

« Marchant vers ce très grand quartier d'oubli, comme au bas de nos parcs vers l'abreuvoir de pierre et les abords pavés des mares où l'on soudoie le Maître d'écuries, nous avons recherché les portes et l'issue.

« Et nous voici soudain de ce côté du soir et de la terre où l'on entend croître la mer à nos confins de mer... »

★

« Avec nos pierres étincelantes et nos joyaux de nuit, seules et mi-nues dans nos vêtements de fête, nous nous sommes avancées jusqu'aux corniches blanches sur la mer. Là, terrestres, tirant

« La vigne extrême de nos songes jusqu'à ce point sensible de rupture, nous nous sommes accoudées au marbre sombre de la mer, comme à ces tables de lave noire serties de cuivre où s'orientent les signes.

« Au seuil d'un si grand Ordre où l'Aveugle officie, nous nous sommes voilé la face du songe de nos pères. Et comme d'un pays futur on peut aussi se souvenir,

« Il nous est souvenu du lieu natal où nous n'avons naissance, il nous est souvenu du lieu royal où nous n'avons séance,

« Et c'est depuis ce temps que nous entrons aux fêtes, le front comme couronné de pommes de pin noires. »

★

« Tressaille, ô Mère des présages, jusqu'en nos linges d'épousailles! Mer implacable sous le voile, ô mer mimée des femmes en travail, sur leurs hauts lits d'amantes ou d'épouses!... L'inimitié qui règle nos rapports

« Ne nous retiendra point d'aimer. Que le bétail enfante des monstres à la vue de ton masque! nous sommes d'autre caste, et de celles qui conversent avec la pierre levée du drame : nous pouvons contempler l'horreur et la violence sans imprégner nos filles de laideur.

« Inquiètes, nous t'aimons d'être ce Camp des Rois

où courent, coiffées d'or, les chiennes blanches du malheur. Avides, nous t'envions ce champ de pavots noirs où s'affourche l'éclair. Et nous nous émouvons vers toi d'une passion sans honte, et de tes œuvres, en songe, concevons.

« Voici que tu n'es plus pour nous figuration murale ni broderie de temple, mais dans la foule de ta feuille, comme dans la foule de ton peuple, très grande rose d'alliance et très grand arbre hiérarchique — comme un grand arbre d'expiation à la croisée des routes d'invasion,

« Où l'enfant mort se berce avec les gourdes d'or et les tronçons de glaives ou de sceptres, parmi les effigies d'argile noire, les chevelures tressées de paille et les grandes fourches de corail rouge, mêlant l'offrande tributaire à la dépouille opime.

« D'autres ont vu ta face de midi, où luit soudain la majesté terrible de l'Ancêtre. Et le guerrier qui va mourir se couvre en songe de tes armes, la bouche pleine de raisin noir. Et ton éclat de mer est dans la soie du glaive et dans la cécité du jour,

« Et ta saveur de mer est dans le pain du sacre, est dans le corps des femmes que l'on sacre. " Tu m'ouvriras tes tables dynastiques ", dit le héros en quête de légitimité. Et l'affligé qui monte en mer : " J'y prends mes lettres de nationalité. "

« Louable aussi ta face d'Étrangère, au premier lait du jour — matin glacé de nacres vertes — quand sur les routes en corniche que suit la migration des Rois, quelque tournant d'histoire nous livre, entre deux Caps, à cette confrontation muette des eaux libres.

« (Rupture! rupture enfin de l'œil terrestre, et le mot dit, entre deux Caps, sur la rétribution des perles, et sur nos embarquements tragiques en robes lamées d'argent... Des vaisseaux haussent, à mi-ciel, toute une élite de grands marbres, l'aile haute, et leurs suivantes de bronze noir; ah! tout un chargement de vaisselle d'or, au poinçon de nos pères, et tant d'espèces monnayables, au signe du thon ou de l'aurige!) »

★

« Ainsi terrestres, riveraines, ainsi complices, nous

cédons... Et s'il nous faut mener plus loin l'offense d'être nées, que par la foule, jusqu'au port, s'ouvre pour nous l'accès des routes insoumises.

« Nous fréquenterons ce soir le sel antique du drame, la mer qui change de dialecte à toutes portes des Empires, et cette mer aussi qui veille à d'autres portes, celle-là même en nous qui veille et dans l'émerveillement nous tient !

« Honneur et Mer ! schisme des Grands ! déchirement radieux par le travers du Siècle... est-ce là ta griffe encore à notre flanc ? Nous t'avons lu, chiffre des dieux ! Nous te suivrons, piste royale ! ô triple rang d'écume en fleur et cette fumée d'un sacre sur les eaux,

« Comme au terre-plein des Rois, sur les chaussées péninsulaires peintes, à grands traits blancs, des signes de magie, le triple rang d'aloès en fleur et l'explosion des hampes séculaires dans les solennités de l'avant-soir !... »

V

Langage que fut la Poétesse

Langage que fut la Poétesse :

« Amertume, ô faveur ! Où brûle encore l'aromate ?... Enfouie la graine du pavot, nous nous tournons enfin vers toi, Mer insomnieuse du vivant. Et tu nous es chose insomnieuse et grave comme l'inceste sous le voile. Et nous disons, nous l'avons vue, la Mer aux femmes plus belle que l'adversité. Et nous ne savons plus que toi de grande et de louable,

« Ô Mer qui t'enfles dans nos songes comme un dénigrement sans fin et comme une vilenie sacrée, ô toi qui pèses à nos grands murs d'enfance et nos terrasses comme une tumeur obscène et comme un mal divin !

« L'ulcère est à nos flancs comme un sceau de franchise, l'amour aux lèvres de la plaie comme le sang des dieux. Amour ! amour du dieu pareil à l'invective, les grandes serres promenées dans notre chair de femme, et les essaims fugaces de l'esprit sur la continuité des eaux... Tu rongeras, douceur,

« Jusqu'à cette pruderie de l'âme, qui naît aux inflexions du col et sur l'arc inversé de la bouche — ce mal qui prend au cœur des femmes comme un feu d'aloès, ou comme la satiété du riche entre ses marbres, ses murrhins.

« Une heure en nous se lève que nous n'avions prévue. C'est trop d'attendre sur nos lits le renversement des torches domestiques. Notre naissance est de ce soir, et de ce soir notre croyance. Un goût de cèdre et d'oliban nous tient encore à notre rang dans la faveur des Villes, mais la saveur de mer est sur nos lèvres,

« Et d'une senteur de mer dans notre linge, et dans nos lits, au plus intime de la nuit, datent pour nous le blâme et le soupçon portés sur toutes treilles de la terre.

« Bonne course à vos pas, divinités du seuil et de l'alcôve! Habilleuses et Coiffeuses, invisibles Gardiennes, ô vous qui preniez rang derrière nous dans les cérémonies publiques, haussant aux feux de mer vos grands miroirs emplis du spectre de la Ville,

« Où étiez-vous, ce soir, quand nous avons rompu nos liens avec l'étable du bonheur ?

« Mais vous qui êtes là, hôtes divins du toit et des terrasses, Seigneurs! Seigneurs! maîtres du fouet! ô maîtres à danser le pas des hommes chez les Grands, et maîtres en tout du saisissement — ô vous qui tenez haut le cri des femmes dans la nuit,

« Faites qu'un soir il nous souvienne de tout cela de fier et de réel qui se consumait là, et qui nous fut de mer, et qui nous fut d'ailleurs,

« Parmi toutes choses illicites et celles qui passent l'entendement... »

VI

Et cette fille chez les Prêtres

Et cette fille chez les Prêtres :

« Prophéties! prophéties! Lèvres errantes sur les mers, et tout cela qu'enchaîne, sous l'écume, la phrase naissante qu'elles n'achèvent...

« Les filles liées au bas des Caps y prennent le message. Qu'on les bâillonne parmi nous : elles diront mieux le dieu qu'elles relayent... Filles liées au bout des Caps comme au timon des chars...

« Et l'impatience est sur les eaux, du mot qui tarde dans nos bouches. Et la Mer lave sur la pierre nos yeux brûlants de sel. Et sur la pierre asexuée croissent les yeux de l'Étrangère... »

*

« ... Ah! tout n'est-il que cette éclosion de bulles heureuses qui chantent l'heure avide et chantent l'heure aveugle ? Et cette mer encore est-elle mer, qui creuse en nous ses grands bas-fonds de sable, et qui nous parle d'autres sables ?

« Plus de complices sur les eaux, plus de complices sous les eaux que n'en fréquente en songe le Poète!... Solitude, ô foison! qui donc pour nous affranchira nos invisibles Sœurs captives sous l'écume ? — Mêlées de ruches et d'ombelles, roueries d'ailes rétives et cent bris d'ailes rabrouées,

« Ah! tant de filles dans les fers, ah! tant de filles sous le mors et tant de filles au pressoir — de grandes filles séditieuses, de grandes filles acrimonieuses, ivres d'un vin de roseaux verts!... »

★

« ... S'en souviendront vos fils, s'en souviendront leurs filles et leurs fils, et qu'une engeance nouvelle sur les sables doublait au loin nos pas de Vierges infaillibles.

« Prophéties! prophéties! l'aigle encapuchonné du Siècle s'aiguise à l'émeri des Caps. De noires besaces s'alourdissent au bas du ciel sauvage. Et la pluie sur les îles illuminées d'or pâle verse soudain l'avoine blanche du message.

« Mais vous, qu'alliez-vous craindre du message? craindre d'un souffle sur les eaux, et de ce doigt de soufre pâle, et de cette pure semaille de menus oiseaux noirs qu'on nous jette au visage, comme ingrédients du songe et sel noir du présage? (procellaires est le nom, pélagique l'espèce, et le vol erratique comme celui des noctuelles.) »

★

« ... Il est, il est des choses à dire en faveur de notre âge. Il est, dans la cassure des choses, un singulier mordant, comme au tesson du glaive ce goût d'argile sèche et de poterie de fer, qui tentera toujours la lèvre du mieux-né.

« " J'ai faim, j'ai faim pour vous de choses étrangères " : cri de l'oiseau de mer à sa plus haute pariade! Et les choses n'ont plus sens sur la terre foraine... Pour nous le Continent de mer, non point la terre nuptiale et son parfum de fenugrec; pour nous le libre lieu de mer, non ce versant de l'homme usuel aveuglé d'astres domestiques.

« Et louées Celles avec nous qui, sur les grèves souillées d'algues comme des bauges désertées, et dans la puanteur sacrée qui monte des eaux vastes — quand l'ipomée des sables vire au rouge d'hyacinthe — et la mer revêtant sa couleur d'holocauste — auront su s'étarquer à de plus hautes vergues!... »

★

« ... De vives toiles déferlées s'éclairent au fond du ciel qui change de voilure. Et la rumeur en nous s'apaise sous le peigne de fer. La mer en nous s'élève, comme aux chambres désertes des grandes conques de pierre...

« Ô Mer par qui les yeux des femmes sont plus gris, douceur et souffle plus que mer, douceur et songe plus que souffle, et faveur à nos tempes de si loin menée, il est dans la continuité des choses à venir

« Comme une salive sainte et comme une sève de toujours. Et la douceur est dans le chant, non dans l'élocution; est dans l'épuisement du souffle, non dans la diction. Et la félicité de l'être répond à la félicité des eaux... »

★

« ... La pluie, sur l'Océan sévère, sème ses soucis d'eau : autant de fois se clôt la paupière du dieu. La pluie sur l'Océan s'éclaire : autant de ciel s'accroît dans l'auge des rizières. De grandes filles liées vives baissent la tête, sous le fardeau de nuée grise orangée d'or.

« Et parfois la mer calme, couleur de plus grand âge, est comme celle, mêlée d'aube, qui se regarde dans l'œil des nouveau-nés; est comme celle, parée d'ors, qui s'interroge dans le vin.

« Ou bien vêtue de pollen gris, et comme empoussiérée des poudres de Septembre, elle est mer chaste et qui va nue, parmi les cendres de l'esprit. Et qui donc à l'oreille nous parle encore du lieu vrai ?... »

★

« ... Nous écoutons, tout bas hélées, la chose en nous très proche et très lointaine — comme ce sifflement très pur de l'Étésienne à la plus haute corne du gréement. Et la douceur est dans l'attente, non dans le souffle ni le chant. Et ce sont là choses peu narrables, et de nous seules mi-perçues... Plutôt nous taire, la bouche rafraîchie de petites coquilles.

« Ô Voyageurs sur les eaux noires en quête de sanctuaires, allez et grandissez, plutôt que de bâtir. La terre aux pierres déliées s'en vient d'elle-même se défaire au penchant de ces eaux. Et nous, Servantes déliées, nous en allons, et les pieds vains, parmi les sables très mobiles.

« Des affleurements soyeux d'argile blanche, doucereuse, des empâtements noueux de marne blanche, doucereuse, devancent vers la terre nos pas de femmes ensommeillées. Et de la paume du pied nu sur ces macérations nocturnes — comme d'une main d'aveugle parmi la nuit des signes enneigés — nous suivons là ce pur langage modelé : relief d'empreintes méningées, proéminences saintes aux lobes de l'enfance embryonnaire... »

★

« ... Et les pluies sont passées, de nul interrogées. Leurs longs trains de présages s'en sont allés, derrière les dunes, dénouer leurs attelages. Les hommes pleins de nuit désertent les sillons. De lourdes bêtes conjuguées s'orientent seules vers la mer.

« Et qu'on nous tance, ô mer, si nous n'avons aussi tourné la tête!... La pluie salée nous vient de haute mer. Et c'est une clarté d'eau verte sur la terre comme on en vit quatre fois l'an.

« Enfants, qui vous coiffez des plus larges feuilles aquatiques, vous nous prendrez aussi la main dans cette mi-nuit d'eau verte : les Prophétesses déliées s'en vont, avec les Pluies, repiquer les rizières... »

(Et, là! que voulions-nous dire, que nous n'avons su dire ?)

VII

Un soir promu de main divine...

Un soir promu de main divine à la douceur d'une aube entre les Îles, ce sont nos filles, par trois fois, hélant les filles d'autres rives :

« Nos feux ce soir! nos feux ce soir sur toutes rives!... Et notre alliance! — dernier soir!!!... »

★

« Nos mères aux seins de Parques, sur leurs chaises de cèdre, redoutent les sabots du drame dans leurs jardins de plantes à quenouilles — ayant aimé de trop d'amour, jusqu'en ses fins de guêpes jaunes,

« L'été qui perd mémoire dans les roseraies blanches.

« Nous, plus étroites des hanches et du front plus aiguës, nageuses tôt liées au garrot de la vague, offrons aux houles à venir une épaule plus prompte.

« L'aspic ni le stylet des veuves ne dorment dans nos corbeilles légères... Pour nous ce sifflement du Siècle en marche et son ruissellement splendide

« Et son grand cri de mer encore inentendu!

« L'orage aux yeux de gentiane n'avilit point nos songes. Et le déferlement du drame lui-même, sur nos pas, ne nous sera que bouillonnement d'écume et langue de rustre à nos chevilles nues.

« Curieuses, nous guettons le premier claquement du fouet! L'Épée qui danse sur les eaux, comme la fille admonestée du Prince sur les parvis du peuple,

« Ne tient pour nous qu'une étincelante et vive dialectique,
« Comme au foyer vivant des grandes émeraudes de famille...

★

« Qui danse la bibase aux sept jours alcyoniens, l'écœurement un soir lui vient au temps faible de la danse, et le dégoût soudain s'en saisirait,
« N'était l'entrée du chœur massif
« Comme la mer elle-même martelant la glèbe de sa houle — houle d'idoles chancelantes au pas des masques encornés.

« Demain, nous chausserons les brodequins du drame, et ferons face, sans joyaux, aux grandes euphorbes de la route; mais ce soir, les pieds nus dans les sandales encore de l'enfance,
« Nous descendons au dernier val d'enfance, vers la mer,
« Par les sentiers de ronces où frayent, frémissants, les vieux flocons d'écume jaunissante, avec la plume et le duvet des vieilles couvaisons.

« Amitié! amitié à toutes celles que nous fûmes : avec l'écume et l'aile et le déchirement de l'aile sur les eaux, avec le pétillement du sel, et ce grand rire d'immortelles sur la mêlée des eaux,
« Et nous-mêmes, nageuses parmi l'immense robe
« De plume blanche!... et tout l'immense lacis vert, et toute l'immense vannerie d'or, qui vanne, sous les eaux, un âge d'ambre et d'or...

★

« Un soir couleur de scille et de scabieuse, lorsque la tourterelle verte des falaises élève à nos frontières sa plainte heureuse de flûte d'eau — la cinéraire maritime n'étant plus feuille que l'on craigne et l'oiseau de haute mer nous dérobant son cri —
« Un soir plus tiède au front que nos ceintures dénouées, lorsque l'aboi lointain des Parques s'endort au ventre des collines — Clélie la grive des jardins n'étant

plus fable que l'on craigne et la mer étant là qui nous fut de naissance —

« Nous avons dit l'heure plus belle que celle où furent, de nos mères, conçues les filles les plus belles. La chair ce soir est sans défaut. Et l'ablution du ciel nous lave, comme d'un fard... Amour, c'est toi! nulle mégarde!

« Qui n'a aimé de jour, il aimera ce soir. Et qui naît à ce soir, nous l'en tenons complice pour jamais. Les femmes appellent dans le soir. Les portes s'ouvrent sur la mer. Et les grandes salles solitaires s'enfièvrent aux torches du couchant.

« Ouvrez, ouvrez au vent de mer nos jarres d'herbes odorantes! Les plantes laineuses se plaisent sur les caps et dans les éboulis de petites coquilles. Les singes bleus descendent les roches rouges, gavés de figues épineuses. Et l'homme qui taillait un bol d'offrande dans le quartz cède à la mer en flammes son offrande.

« Là-haut, où l'on appelle, sont les voix claires de femmes sur les seuils — dernier soir! — et nos vêtements de gaze sur les lits, que visite la brise. Là-haut vont les servantes s'aérant, et nos lingères s'affairant à nos lingeries de femmes pour la nuit.

« Et la fraîcheur du linge est sur les tables, l'argenterie du dernier soir tirée des coffres de voyage... Nos chambres ouvertes sur la mer, le soir y plonge un bras d'idole. Et dans les temples sans offices où le soleil des morts range ses fagots d'or, les mules poussiéreuses s'arrêtent aux arches des préaux.

★

« ... Et c'est l'heure, ô vivantes! où la brise de mer cède sa chance au dernier souffle de la terre. L'arbre annelé comme un esclave ouvre sa fronde bruissante. Nos hôtes s'égarent sur les pentes en quête de pistes vers la mer, les femmes en quête de lavandes, et nous-mêmes lavées dans l'ablution du soir... Nulle menace au front du soir, que ce grand ciel de mer aux blancheurs de harfang. Lune de menthe à l'Orient. Étoile rouge au bas du ciel, comme l'étalon qui a goûté le sel. Et l'homme de mer est dans nos songes. Meilleur des hommes, viens et prends!... »

VIII

Étranger, dont la voile...

Étranger, dont la voile a si longtemps longé nos côtes (et l'on entend parfois de nuit le cri de tes poulies),
Nous diras-tu quel est ton mal, et qui te porte, un soir de plus grande tiédeur, à prendre pied parmi nous sur la terre coutumière ?

★

« Aux baies de marbre noir striées de blanches couvaisons
« La voile fut de sel, et la griffe légère. Et tant de ciel nous fut-il songe ?
« Écaille, douce écaille prise au masque divin,
« Et le sourire au loin sur l'eau des grandes lèpres interdites...

« Plus libre que la plume à l'éviction de l'aile,
« Plus libre que l'amour à l'évasion du soir,
« Tu vois ton ombre, sur l'eau mûre, quitte enfin de son âge,
« Et laisses l'ancre dire le droit parmi l'églogue sous-marine.

« Une plume blanche sur l'eau noire, une plume blanche vers la gloire
« Nous fit soudain ce très grand mal, d'être si blanche et telle, avant le soir...
« Plumes errantes sur l'eau noire, dépouilles du plus fort,
« Vous diront-elles, ô Soir, qui s'est accompli là ?

« Le vent portait des hautes terres, avec ce goût d'arec et d'âtres morts qui très longtemps voyage,

« Les Dames illustres, sur les caps, ouvraient aux feux du soir une narine percée d'or,

« Et douce encore se fit la mer au pas de la grandeur.

« La main de pierre du destin nous sera-t-elle encore offerte ?...

« C'est la christe-marine qui sur vos grèves mûrissait

« Ce goût de chair encore entre toutes chairs heureuses,

« Et la terre écriée sur ses rives poreuses, parmi la ronce avide et les roses vives

« De l'écume, nous fut chose légère et chose plus dispendieuse

« Que lingerie de femme dans les songes, que lingerie de l'âme dans les songes. »

IX

Étroits sont les vaisseaux

Amants, ô tard venus parmi les marbres et les bronzes, dans l'allongement des premiers feux du soir,
Amants qui vous taisiez au sein des foules étrangères,
Vous témoignerez aussi ce soir en l'honneur de la Mer :

I

... Étroits sont les vaisseaux, étroite notre couche.
Immense l'étendue des eaux, plus vaste notre empire
Aux chambres closes du désir.

Entre l'Été, qui vient de mer. À la mer seule, nous dirons
Quels étrangers nous fûmes aux fêtes de la Ville, et quel astre montant des fêtes sous-marines
S'en vint un soir, sur notre couche, flairer la couche du divin.

En vain la terre proche nous trace sa frontière. Une même vague par le monde, une même vague depuis Troie
Roule sa hanche jusqu'à nous. Au très grand large loin de nous fut imprimé jadis ce souffle...
Et la rumeur un soir fut grande dans les chambres : la mort elle-même, à son de conques, ne s'y ferait point entendre!

Aimez, ô couples, les vaisseaux; et la mer haute dans les chambres!
La terre un soir pleure ses dieux, et l'homme chasse aux bêtes rousses; les villes s'usent, les femmes songent... Qu'il y ait toujours à notre porte
Cette aube immense appelée mer — élite d'ailes et levée d'armes, amour et mer de même lit, amour et mer au même lit —

et ce dialogue encore dans les chambres :

II

1 —

« ... Amour, amour, qui tiens si haut le cri de ma naissance, qu'il eſt de mer en marche vers l'Amante! Vigne foulée sur toutes grèves, bienfait d'écume en toute chair, et chant de bulles sur les sables... Hommage, hommage à la Vivacité divine!

« Toi, l'homme avide, me dévêts : maître plus calme qu'à son bord le maître du navire. Et tant de toile se défait, il n'eſt plus femme qu'agréée. S'ouvre l'Été, qui vit de mer. Et mon cœur t'ouvre femme plus fraîche que l'eau verte : semence et sève de douceur, l'acide avec le lait mêlé, le sel avec le sang très vif, et l'or et l'iode, et la saveur aussi du cuivre et son principe d'amertume — toute la mer en moi portée comme dans l'urne maternelle...

« Et sur la grève de mon corps l'homme né de mer s'eſt allongé. Qu'il rafraîchisse son visage à même la source sous les sables; et se réjouisse sur mon aire, comme le dieu tatoué de fougère mâle... Mon amour, as-tu soif? Je suis femme à tes lèvres plus neuve que la soif. Et mon visage entre tes mains comme aux mains fraîches du naufrage, ah! qu'il te soit dans la nuit chaude fraîcheur d'amande et saveur d'aube, et connaissance première du fruit sur la rive étrangère.

« J'ai rêvé, l'autre soir, d'îles plus vertes que le songe... Et les navigateurs descendent au rivage en quête d'une eau bleue; ils voient — c'eſt le reflux — le lit refait des sables ruisselants : la mer arborescente y laisse, s'enlisant, ces pures empreintes capillaires, comme de grandes palmes suppliciées, de grandes filles extasiées qu'elle couche en larmes dans leurs pagnes et dans leurs tresses dénouées.

« Et ce sont là figurations du songe. Mais toi l'homme au front droit, couché dans la réalité du songe, tu bois à même la bouche ronde, et sais son revêtement punique : chair de grenade et cœur d'oponce, figue d'Afrique et fruit d'Asie... Fruits de la femme, ô mon amour, sont plus que fruits de mer : de moi non peinte ni parée, reçois les arrhes de l'Été de mer... »

★

2 —

« ... Au cœur de l'homme, solitude. Étrange l'homme, sans rivage, près de la femme, riveraine. Et mer moi-même à ton orient, comme à ton sable d'or mêlé, que j'aille encore et tarde, sur ta rive, dans le déroulement très lent de tes anneaux d'argile — femme qui se fait et se défait avec la vague qui l'engendre...

« Et toi plus chaste d'être plus nue, de tes seules mains vêtue, tu n'es point Vierge des grands fonds, Victoire de bronze ou de pierre blanche que l'on ramène, avec l'amphore, dans les grandes mailles chargées d'algues des tâcherons de mer; mais chair de femme à mon visage, chaleur de femme sous mon flair, et femme qu'éclaire son arôme comme la flamme de feu rose entre les doigts mi-joints.

« Et comme le sel est dans le blé, la mer en toi dans son principe, la chose en toi qui fut de mer, t'a fait ce goût de femme heureuse et qu'on approche... Et ton visage est renversé, ta bouche est fruit à consommer, à fond de barque, dans la nuit. Libre mon souffle sur ta gorge, et la montée, de toutes parts, des nappes du désir, comme aux marées de lune proche, lorsque la terre femelle s'ouvre à la mer salace et souple, ornée de bulles, jusqu'en ses mares, ses maremmes, et la mer haute dans l'herbage fait son bruit de noria, la nuit est pleine d'éclosions...

« Ô mon amour au goût de mer, que d'autres paissent loin de mer l'églogue au fond des vallons clos — menthes, mélisse et mélilot, tiédeurs d'alysse et d'origan — et l'un y parle d'abeillage et l'autre y traite d'agnelage, et la brebis feutrée baise la terre au bas des murs de pollen noir. Dans le temps où les pêches se nouent, et les liens sont triés pour la vigne, moi j'ai tranché le nœud de chanvre qui tient la coque sur son ber, à son berceau de bois. Et mon amour est sur les mers! et ma brûlure est sur les mers!...

« Étroits sont les vaisseaux, étroite l'alliance; et plus étroite ta mesure, ô corps fidèle de l'Amante... Et qu'est ce corps lui-même, qu'image et forme du navire ? nacelle et nave, et nef votive, jusqu'en son ouverture médiane; instruit en forme de carène, et sur ses courbes façonné, ployant le double arceau d'ivoire au vœu des courbes nées de mer... Les assembleurs de coques, en tout temps, ont eu cette façon de lier la quille au jeu des couples et varangues.

« Vaisseau, mon beau vaisseau, qui cède sur ses couples et porte la charge d'une nuit d'homme, tu m'es vaisseau qui porte roses. Tu romps sur l'eau chaîne d'offrandes. Et nous voici, contre la mort, sur les chemins d'acanthes noires de la mer écarlate... Immense l'aube appelée mer, immense l'étendue des eaux, et sur la terre faite songe à nos confins violets, toute la houle au loin qui lève et se couronne d'hyacinthes comme un peuple d'amants!

« Il n'est d'usurpation plus haute qu'au vaisseau de l'amour. »

III

I —

« … Mes dents sont pures sous ta langue. Tu pèses sur mon cœur et gouvernes mes membres. Maître du lit, ô mon amour, comme le Maître du navire. Douce la barre à la pression du Maître, douce la vague en sa puissance. Et c'est une autre, en moi, qui geint avec le gréement… Une même vague par le monde, une même vague jusqu'à nous, au très lointain du monde et de son âge… Et tant de houle, et de partout, qui monte et fraye jusqu'en nous…

« Ah! ne me soyez pas un maître dur par le silence et par l'absence : pilote très habile, trop soucieux amant! Ayez, ayez de moi plus que don de vous-même. Aimant, n'aimerez-vous aussi d'être l'aimé ?… J'ai crainte, et l'inquiétude habite sous mon sein. Parfois, le cœur de l'homme au loin s'égare, et sous l'arc de son œil il y a, comme aux grandes arches solitaires, ce très grand pan de Mer debout aux portes du Désert…

« Ô toi hanté, comme la mer, de choses lointaines et majeures, j'ai vu tes sourcils joints tendre plus loin que femme. La nuit où tu navigues n'aura-t-elle point son île, son rivage ? Qui donc en toi toujours s'aliène et se renie ? — Mais non, tu as souri, c'est toi, tu viens à mon visage, avec toute cette grande clarté d'ombrage comme d'un grand destin en marche sur les eaux (ô mer soudain frappée d'éclat entre ses grandes emblavures de limon jaune et vert!). Et moi, couchée sur mon flanc droit, j'entends battre ton sang nomade contre ma gorge de femme nue.

« Tu es là, mon amour, et je n'ai lieu qu'en toi. J'élèverai vers toi la source de mon être, et t'ouvrirai ma nuit de femme, plus claire que ta nuit d'homme; et la grandeur en moi d'aimer t'enseignera peut-être la grâce d'être aimé. Licence alors aux jeux du corps! Offrande, offrande, et faveur d'être! La nuit t'ouvre une femme : son corps, ses havres, son rivage; et sa nuit antérieure où gît toute mémoire. L'amour en fasse son repaire!

« ... Étroite ma tête entre tes mains, étroit mon front cerclé de fer. Et mon visage à consommer comme fruit d'outre-mer : la mangue ovale et jaune, rose feu, que les coureurs d'Asie sur les dalles d'empire déposent un soir, avant minuit, au pied du Trône taciturne... Ta langue est dans ma bouche comme sauvagerie de mer, le goût de cuivre est dans ma bouche. Et notre nourriture dans la nuit n'est point nourriture de ténèbres, ni notre breuvage, dans la nuit, n'est boisson de citerne.

« Tu resserreras l'étreinte de tes mains à mes poignets d'amante, et mes poignets seront, entre tes mains, comme poignets d'athlète sous leur bande de cuir. Tu porteras mes bras noués au-delà de mon front; et nous joindrons aussi nos fronts, comme pour l'accomplissement ensemble de grandes choses sur l'arène, de grandes choses en vue de mer, et je serai moi-même ta foule sur l'arène, parmi la faune de tes dieux.

« Ou bien libres mes bras!... et mes mains ont licence parmi l'attelage de tes muscles : sur tout ce haut relief du dos, sur tout ce nœud mouvant des reins, quadrige en marche de ta force comme la musculature même des eaux. Je te louerai des mains, puissance! et toi noblesse du flanc d'homme, paroi d'honneur et de fierté qui garde encore, dévêtue, comme l'empreinte de l'armure.

« Le faucon du désir tire sur ses liens de cuir. L'amour aux sourcils joints se courbe sur sa proie. Et moi, j'ai vu changer ta face, prédateur! comme il arrive aux ravisseurs d'offrandes dans les temples, quand fond sur eux l'irritation divine... Toi dieu notre hôte, de passage, Congre salace du désir, remonte en nous le cours des eaux. L'obole de cuivre est sur ma langue, la mer s'allume dans les temples, et l'amour gronde dans les conques comme le Monarque aux chambres du Conseil.

« Amour, amour, face étrangère! Qui t'ouvre en nous ses voies de mer? Qui prend la barre, et de quelles mains ?... Courez aux masques, dieux précaires! couvrez l'exode des grands mythes! L'Été, croisé d'automne, rompt dans les sables surchauffés ses œufs de bronze marbrés d'or où croissent les monstres, les héros. Et la mer au lointain sent fortement le cuivre et l'odeur du corps mâle... Alliance de mer est notre amour qui monte aux Portes de Sel Rouge! »

*

2 —

« ... Amant, je n'élèverai point de toiture pour l'Amante. L'Été chasse à l'épieu sur les labours de mer. Le désir siffle sur son aire. Et moi, comme l'épervier des grèves qui règne sur sa proie, j'ai couvert de mon ombre tout l'éclat de ton corps. Décret du ciel et qui nous lie! Et l'heure n'est plus, ô corps offert, d'élever dans mes mains l'offrande de tes seins. Un lieu de foudre et d'or nous comble de sa gloire! Salaire de braises, non de roses... Et nulle province maritime fut-elle, sous les roses, plus savamment pillée ?

« Ton corps, ô chair royale, mûrit les signes de l'Été de mer : taché de lunes, de lunules, ponctué de fauve et de vin pourpre et passé comme sable au crible des laveurs d'or — émaillé d'or et pris aux rets des grandes sennes lumineuses qui traînent en eau claire. Chair royale et signée de signature divine!... De la nuque à l'aisselle, à la saignée des jambes, et de la cuisse interne à l'ocre des chevilles, je chercherai, front bas, le chiffre occulte de ta naissance, parmi les signes assemblés de ton ordre natal — comme ces numérations stellaires qui montent, chaque soir, des tables sous-marines pour s'en aller, avec lenteur, s'inscrire en Ouest dans les panégyries du Ciel.

« L'Été, brûleur d'écorces, de résines, mêle à l'ambre de femme le parfum des pins noirs. Hâle de femme et rousseur d'ambre sont de Juillet le flair et la morsure. Ainsi les dieux, gagnés d'un mal qui n'est point nôtre, tournent à l'or de laque dans leur gaine de filles. Et toi, vêtue d'un tel lichen, tu cesses d'être nue : la hanche parée d'or et les cuisses polies comme cuisses d'hoplite... Loué sois-tu, grand corps voilé de son éclat, poinçonné comme l'or à fleur de coin des Rois! (Et qui donc n'a rêvé de mettre à nu ces grands lingots d'or pâle, vêtus de daim très souple, qui vers les Cours voyagent, dans les soutes, sous leurs bandelettes de gros chanvre et leurs grands liens croisés de sparterie ?)

« Ah! comme Celle qui a bu le sang d'une personne royale! jaune du jaune de prêtresse et rose du rose des grandes jarres! Tu nais marquée de l'Étalon divin. Et nulle chair hâvie au feu de pampres des terrasses a-t-elle plus haut porté le témoignage ? Nuque brûlée d'amour, chevelure où fut l'ardente saison, et l'aisselle enfiévrée comme salaison de roses dans les jattes d'argile... Tu es comme le pain d'offrande sur l'autel, et portes l'incision rituelle rehaussée du trait rouge... Tu es l'idole de cuivre vierge, en forme de poisson, que l'on enduit au miel de roche ou de falaise... Tu es la mer elle-même dans son lustre, lorsque midi, ruptile et fort, renverse l'huile de ses lampes.

« Tu es aussi l'âme nubile et l'impatience du feu rose dans l'évasement des sables; tu es l'arôme, et la chaleur, et la faveur même du sable, son haleine, aux fêtes d'ombre de la flamme. Tu sens les dunes immortelles et toutes rives indivises où tremble le songe, pavot pâle. Tu es l'exclamation du sel et la divination du sel, lorsque la mer au loin s'est retirée sur ses tables poreuses. Tu es l'écaille, et le feu vert, et la couleuvre de feu vert, au bas des schistes feuilletés d'or, là où les myrtes et l'yeuse naine et le cirier des grèves descendent au feu de mer chercher leurs taches de rousseur...

« Ô femme et fièvre faite femme! lèvres qui t'ont flairée ne fleurent point la mort. Vivante — et qui plus vive ? — tu sens l'eau verte et le récif, tu sens la vierge et le varech, et tes flancs sont lavés au bienfait de nos jours. Tu sens la pierre pailletée d'astres et sens le cuivre qui s'échauffe dans la lubricité des eaux. Tu es la pierre laurée d'algues au revers de la houle, et sais l'envers des plus grands thalles incrustés de calcaire. Tu es la face baignée d'ombre et la bonté du grès. Tu bouges avec l'avoine sauvage et le millet des sables et le gramen des grèves inondées ; et ton haleine est dans l'exhalaison des pailles vers la mer, et tu te meus avec la migration des sables vers la mer...

« Ivre, très ivre, cœur royal ! d'héberger tant de houle, et la chair plus sensible qu'aux tuniques de l'œil... Tu suis la mer inéluctable et forte dans son œuvre. Et tu ressens l'étreinte incoercible, et t'ouvres — libre, non libre — à la dilatation des eaux ; et la mer rétractile exerce en toi ses bagues, ses pupilles, et le jour rétrécit, et la nuit élargit, cet œil immense qui t'occupe... Hommage ! hommage à la complicité des eaux. Il n'est point là d'offense pour ton âme ! Comme l'esprit violent du dieu qui se saisit de l'homme à naître dans la femme, et foule la femme dans son linge et ses membranes divisées, ah ! comme la mer elle-même mangeuse d'algues et d'embryons, et qui rejette à l'assemblée des Juges et des Mères ses grandes poches placentaires et ses grandes algues laminaires, ses très grands tabliers de cuir pour Accoucheuses et Sacrificateurs, plaise au plaisir sacré de joindre sa victime, et que l'Amante renversée dans ses enveloppes florales livre à la nuit de mer sa chair froissée de grande labiée ! Il n'est point là d'offense pour son âme...

« Submersion ! soumission ! Que le plaisir sacré t'inonde, sa demeure ! Et la jubilation très forte est dans la chair, et de la chair dans l'âme est l'aiguillon. J'ai vu briller entre tes dents le pavot rouge de la déesse. L'amour en mer brûle ses vaisseaux. Et toi, tu te complais dans la vivacité divine, comme l'on voit les dieux agiles sous l'eau claire, où vont les ombres dénouant leurs ceintures légères... Hommage, hommage à la diversité divine ! Une même vague par le monde, une même vague notre course... Étroite la mesure, étroite la césure, qui rompt en son milieu le corps de femme comme le mètre antique... Tu grandiras licence! La mer lubrique nous exhorte, et l'odeur de ses vasques erre dans notre lit... Rouge d'oursin les chambres du plaisir. »

IV

I —

« … Plaintes de femme sur l'arène, râles de femme dans la nuit ne sont que roucoulements d'orage en fuite sur les eaux. Ramiers d'orage et de falaises, et cœur qui brise sur les sables, qu'il est de mer encore dans le bonheur en larmes de l'Amante!… Toi l'Oppresseur et qui nous foules, comme couvées de cailles et coulées d'ailes migratrices, nous diras-tu qui nous assemble ?

« Mer à ma voix mêlée et mer en moi toujours mêlée, amour, amour, qui parle haut sur les brisants et les coraux, laisserez-vous mesure et grâce au corps de femme trop aimante ? … Plainte de femme et pressurée, plainte de femme et non blessée… étends, ô Maître, mon supplice; étire, ô Maître, mon délice! Quelle tendre bête harponnée fut, plus aimante, châtiée ?

« Femme suis-je, et mortelle, en toute chair où n'est l'Amant. Pour nous le dur attelage en marche sur les eaux. Qu'il nous piétine du sabot, et nous meurtrisse du rostre, et du timon bosselé de bronze qu'il nous heurte!… Et l'Amante tient l'Amant comme un peuple de rustres, et l'Amant tient l'Amante comme une mêlée d'astres. Et mon corps s'ouvre sans décence à l'Étalon du sacre, comme la mer elle-même aux saillies de la foudre.

« Ô Mer levée contre la mort! Qu'il est d'amour en marche par le monde à la rencontre de ta horde! Une seule vague sur son cric!… Et toi le Maître, et qui commandes, tu sais l'usage de nos armes. Et l'amour seul tient en arrêt, tient sur sa tige menaçante, la haute vague courbe et lisse à gorge peinte de naja.

« Nulle flûte d'Asie, enflant l'ampoule de sa courge, n'apaiserait le monstre dilaté. Mais langue à langue, et souffle à souffle, haletante! la face ruisselante et l'œil rongé d'acide, celle qui soutient seule l'ardente controverse, l'Amante hérissée, et qui recule et s'arque et qui fait front, émet son sifflement d'amante et de prêtresse...

« Frapperas-tu, hampe divine ? — Faveur du monstre, mon sursis! et plus stridente, l'impatience!... La mort à tête biseautée, l'amour à tête carénée, darde sa langue très fréquente. L'Incessante est son nom; l'innocence son heure. Entends vivre la mort et son cri de cigale...

« Tu frapperas, promesse! — Plus prompte, ô Maître, ta réponse, et ton intimation plus forte! Parle plus haut, despote! et plus assidûment m'assaille : l'irritation est à son comble! Quête plus loin, Congre royal : ainsi l'éclair en mer cherche la gaine du navire...

« Tu as frappé, foudre divine! — Qui pousse en moi ce très grand cri de femme non sevrée ?... Ô splendeur! ô tristesse! et très haut peigne d'Immortelle coiffant l'écume radieuse! et tout ce comble, et qui s'écroule, herse d'or!... J'ai cru hanter la fable même et l'interdit.

« Toi, dieu mon hôte, qui fus là, garde vivante en moi l'hélice de ton viol. Et nous ravisse aussi ce très long cri de l'âme non criée!... La Mort éblouissante et vaine s'en va, du pas des mimes, honorer d'autres lits. Et la Mer étrangère, ensemencée d'écume, engendre au loin sur d'autres rives ses chevaux de parade...

« Ces larmes, mon amour, n'étaient point larmes de mortelle. »

★

2 —

« ... Vaisseau qui s'ouvre sur sa quille, illuminé de

braise et d'or, corbeille ardente du naufrage! ô splendeur, ô tristesse! Hanter l'Être, et si prompt! La mer n'est pas plus âpre à consumer son dieu...

« Grâce pour Celle qui fut là, et si brièvement fut là — ah! comme Celle qui a bu le sang dans les coupes royales et qui ne connaît plus sa caste ni son rang, mais dont le songe encore se souvient : " J'ai fréquenté la mort éblouissante et vaine, j'ai conversé de pair avec la foudre sans visage; et moi qui sais de mer plus que n'en savent les vivants, je sais aussi le mal ancien dans sa clairière de feu jaune. Qui rêve l'épée nue couchée dans les eaux claires, n'a point banni du conte les flambeaux et les larmes... "

« Larmes d'amante, ô mal-aimée, n'ont point leur source dans l'amant. Inimitié au dieu jaloux qui te vendange dans mes bras! Étrangère la main qui presse la grappe entre nos faces. Toi l'indivise, trahissais... Transgression, transgression, ô tristesse! Hanter l'Être est d'un mime. Quelqu'un alors a-t-il parlé ? Il ne saurait se faire entendre. L'inhabitable est notre site, et l'effraction sans suite. Mais la fierté de vivre est dans l'accès, non dans l'usage ni l'avoir.

« ... Tu renaîtras, désir! et nous diras ton autre nom. Ô passion, voie royale, où se relève le Roi ivre escorté de l'Aveugle! Désir, désir, qui nous devance et nous assiste, est-ce là ton seul nom et n'en est-il point d'autre ?... Ô toi qui fais crier au loin le sable sur d'invisibles seuils, et fais visible sur les eaux l'approche du message, ô toi le Précurseur et toi l'Annonciateur, ta quête est la plus vaste et tes voies sont multiples. Tu reprends souffle devant moi. Et me tendant toujours ton arme, me tendras-tu toujours la femme sur son arc ?

★

« Trombes en marche du désir, et l'éclair de partout essaimant ses présages! La succion du dieu fort est sur la face tuméfiée des eaux. La mer au masque de baudroie n'épouse plus le fond chagrin des choses. Désir, ô Maître, vis ton œuvre!... Et la mer anfractueuse du songe, à grands éclats de verre noir, comme de lave vitrifiée, cède au ciseau ses cubes, ses trièdres!

« Descends, Sculpteur, et le cœur grand — car l'œuvre est grande — parmi tes filles, tes manœuvres, et tout ton peuple de carriers. Revois, ô Songe, ton ouvrage : non point le bouclier d'orfèvre, ni le miroir d'argent ciselé où court l'ignominie des roses (le léopard parmi la vigne, la vierge en croupe du taureau, ou le dauphin coiffé des pampres de l'écume),

« Mais d'une seule masse et d'un seul jais, luisant et noir, comme chargement de mailles de fer aux fosses combles des vaisseaux, tout ce puissant plexus de forces et d'alliances : la mer, ses boucles, ses sphincters, et son million de bouches closes sur l'anneau du désir — ou bien la mer hors de ses sangles, et dans sa grande robe de jument noire entaillée de blessures : ouvertures fraîches et lubriques!

« ... Amie, j'ai mieux à dire, et les dieux sont passés : d'une seule face et d'un seul trait, au revers de sa houle, et sur ses longues tables lisses de graphite, dans l'apaisement lointain des plus beaux champs de pavots gris, j'ai vu soudain la mer immeuble, couleur de sédiment : la mer au loin comme un Soudan rêvant ses reines noires au front ponctué de bleu...

★

« ... Ô femme haute dans sa crue et comme prise dans son cours! je me lèverai encore en armes dans la nuit de ton corps, et ruissellerai encore de tes années de mer.

« Étroitement encore l'âme, à l'incision du corps! Et toi chantante et balbutiante sur ta rive épineuse, Sibylle ouverte sur son roc comme la fille d'Érythrée — grande hydre de force et de douceur qui regorge son dieu — tu fréquenteras encore le vrai du songe : cette autre mer, plus vaste et proche, que nul n'enseigne ni ne nomme.

« Mène ta course, dieu d'emprunt. Nous sommes tes relais! Une même vague par le monde, une même vague depuis Troie... La houle monte et se fait femme. La mer au ventre d'amoureuse masse inlassablement sa proie. Et l'amour fait chanter, et la mer osciller, le lit de cèdre sur ses ais, la coque courbe sur ses joints. Riche d'offrande notre couche, et de la charge de nos œuvres...

« Vierge clouée à mon étrave, ah! comme celle qu'on immole, tu es la libation du vin au tranchant de la proue, tu es l'offrande de haute mer aux morts qui bercent les vivants : la chaîne lâche de roses rouges qui s'ouvre sur les eaux après les rites de l'adieu — et les vaisseaux du trafiquant en couperont la ligne odorante dans la nuit.

« Désir, ô Prince sous le masque, tu nous as dit ton autre nom!... Et toi l'Amante, pour ton dieu, tu siffles encore ton sifflement d'orfraie. Et toi l'Amante, sur ton souffle, tu t'arqueras encore pour l'enfantement du cri — jusqu'à cette émission très douce, prends-y garde, et cette voyelle infime, où s'engage le dieu... Soumission, soumission!... Soumise encore à la question!

« Et qui donc, sur ton aile, t'a mise encore à vif, et renversée, comme l'aigle femelle sur son fagot d'épines, et de l'ongle appuyée au flanc du Questionneur ?... Ô très puissante ronce de guerre adossée à sa roche, tu tiens plus haut que mer ton invective contre la mort. L'amour, la mer se fassent entendre! Naissance et mort aux mêmes frondes!... J'ai découplé l'éclair, et sa quête n'est point vaine. Tu frapperas, foudre divine!... Hanter l'Être n'est point leurre. Et l'amante n'est point mime. Arbre fourchu du viol que remonte l'éclair!...

« — Ainsi Celle qui a nom frappe à midi le cœur éblouissant des eaux : Istar, splendide et nue, éperonnée d'éclairs et d'aigles verts, dans les grandes gazes vertes de son feu d'épaves... Ô splendeur, non tristesse! Amour qui tranche et qui ne rompt! et cœur enfin libre de mort!.. Tu m'as donné ce très grand cri de femme qui dure sur les eaux. »

V

I —

« ... À ton côté rangée, comme la rame à fond de barque; à ton côté roulée, comme la voile avec la vergue, au bas du mât liée... Un million de bulles plus qu'heureuses, dans le sillage et sous la quille... Et la mer elle-même, notre songe, comme une seule et vaste ombelle... Et son million de capitules, de florules en voie de dissémination.

« Survivance, ô sagesse! Fraîcheur d'orage et qui s'éloigne, paupières meurtries, du bleu d'orage... Ouvre ta paume, bonheur d'être... Et qui donc était là, qui n'est plus que bienfait ? Un pas s'éloigne en moi qui n'est point de mortelle. Des voyageurs au loin voyagent que nous n'avons interpellés. Tendez la tente imprégnée d'or, ô pur ombrage d'après-vivre...

« Et la grande aile silencieuse qui si longtemps fut telle, à notre poupe, oriente encore dans le songe, oriente encore sur les eaux, nos corps qui se sont tant aimés, nos cœurs qui se sont tant émus... Au loin la course d'une dernière vague, haussant plus haut l'offrande de son mors... Je t'aime — tu es là — et tout l'immense bonheur d'être qui là fut consommé.

« Allez plus doucement, ô cours des choses à leur fin. La mort navigue dans la mort et n'a souci du vif. La nuit salée nous porte dans ses flancs. Et nous, nous desserrons l'étreinte de nos bras pour écouter en nous régner la mer, sans rives ni récifs. Passion très forte et très docile. Mille paupières favorables...

« Et l'amante bat des cils dans tout ce lieu très calme. La mer égale m'environne et m'ouvre la cime de ses palmes. J'entends battre du sang la sève égale et nourricière — ô songe encore que j'allaite! Et ma lèvre est salée du sel de ta naissance, et ton corps est salé du sel de ma naissance... Tu es là, mon amour, et je n'ai lieu qu'en toi.

« Sourire d'être dans ton souffle, comme sous l'abri de toile du navire. La brise est dans le tendelet... Que je te sois douceur liée et grâce tendre sur les eaux : silence et veille dans ta veille et battement dans l'ombre de tes cils. Pour toi mon front de femme et le parfum d'épouse à la naissance du front; pour moi ce battement très fort du sang dans la méduse du cœur d'homme.

« Et mon sein gauche est dans ta main, le sceau d'empire est dérobé!... Ferme ta paume, bonheur d'être... La main qui règne sur ma hanche régit au loin la face d'un empire, et la bonté d'aimer s'étend à toutes ses provinces. La paix des eaux soit avec nous! et l'ouverture au loin, entre neiges et sables, d'un grand royaume littoral qui baigne aux vagues ses bêtes blanches.

« Et moi que suis-je, à fond d'eaux claires, que l'aisance grave d'une palme, et qui se berce, gorgonie ?... J'écoute vivre dans la nuit la grande chose qui n'a de nom. Et l'épine de la crainte est de ma chair absente. La pierre du seuil est en travers du seuil, et la mer au-delà de la pierre du seuil. Mort hérétique et vaine, graciée! Cause gagnée, mer conciliée. Et la faveur au loin est partagée, l'amour avide de son bien.

« Vous qui de mort m'avez sauvée, soyez loués, dieux saufs, pour tout ce comble qui fut nôtre, et tout ce grand labeur d'amour que vous avez en moi tracé, et tout ce très grand cri de mer que vous avez en moi crié. La mort qui change de tunique s'en va nourrir au loin son peuple de croyants. La mer ensemencée d'écume assemble au loin pour nous ses chevaux de parade. Et toi que j'aime, tu es là. Mon cœur, mon corps libres de mort, prends-en la garde et le souci...

★

« Persiennes basses et feux éteints, la maison de boiserie navigue comme une trirème, et sous l'auvent de bois léger l'alignement des chevrons tient comme un rang de rames égales pour l'envol. Filer! filer, au fil d'ivoire de nos lattes... La brise est fraîche dans les stores, et dit un nom plus frais qu'Anchise; et la maison respire dans ses cloisons de paille... Ô goût de l'âme très foraine, dis-nous la route que tu suis, et quelle trirème heureuse tu lances toi-même vers l'aurore. Qui donc en nous voyage qui n'a vaisseaux sur mer ? Vivre n'aurait-il sa fin ? Que nul ne meure qu'il n'ait aimé!

« Nous qui passons les mers sur notre lit sans rames ni mâture, savons, et qu'il n'a fin, ce cours des choses réversibles. Amour et mer et voies de mer... La lune basse emplit les lampes, les salines. J'ai vu glisser dans nos persiennes sa lame vive d'écaillère... Ou c'est l'étoile Bélus qui niche dans les palmes, et rafraîchit la nuit d'été de ses couvées de glaçons bleus. Pieds nus alors sur les galeries de bois et sur les dalles d'avant-seuil... J'ai vu s'ouvrir la nuit première et tout son bleu de perle vraie.

« La terre et ses daims noirs descendent aux laisses de basse mer. Et la mer à pieds nus s'éloigne sur les sables. Les continents lisérés d'or voyagent dans leur nimbe. Les îles agrandies cèdent au médaillier des grèves leurs grandes monnaies planes de bois lisse, ou de cuir; et les siliques entrouvertes, en forme de carènes, qui ont vidé leurs loges, leurs écuelles, montrent leurs cloisons blanches et sèches comme des bancs de rameurs. Les graines flottantes s'ensevelissent au lieu de leur atterrissage. Il en naîtra des arbres pour l'ébénisterie.

« Ô demeure, ô branchies entre la mer des choses et moi... Qu'est tout ce monde inconnaissable où nous aimons, parmi ces houles immergées, comme sur les cimes tard fleuries des forêts inondées ?... Cette nuit, l'étoile est double et s'enfle sur les eaux. De très grands astres ruisselants sortent de mer comme des épées vives, sans garde ni poignée; et la mer nous rejette la lame du belluaire. Des compagnies sans armes se déploient dans les jardins de pierre, comme au sortir des grandes fêtes interraciales où se plaisaient les conquérants heureux, marieurs de peuples sur les plages.

« Il va pleuvoir avant le jour. La nuit déchire ses bandelettes. Et sur les sables picorés nul ne déchiffrera l'écrit. La pierre du seuil se couvre d'arborescences pâles, de présages. Les bêtes déifiées s'éveillent dans les urnes. Les horoscopes sont tirés. Mer conciliée, cause gagnée. Et les vapeurs de mer assiègent la bouche des citernes, et dans les vieilles maçonneries liées au sable de mer s'élargissent les taches de l'infection divine. De hautes pierres blanches, adossées, sont léchées par les chèvres. Enfuie la peine, migratrice! Et j'aime; et tu es là. Il n'est sécurité plus grande qu'au vaisseau de l'amour.

« ... Voici la brise d'avant pluie! Entends la chute, sur le toit, des petites noix de palme. On les recueillera dans nos larmiers, pour l'ornement du jour, et je te montrerai comment, chaussées de corne ou bien d'ivoire, enchâssées d'ongles et d'écailles, elles sont enturbannées à la mode des Indes... La brise de mer est sur les cayes. Le vin de palme est dans les palmes. Et ce bruit, c'est la pluie... Non, cliquetis d'armes remuées au râtelier des palmes. Quelle autre âme, soudain, bat de l'aile, et captive, dans nos tentures de paille lattées de jonc — comme sont les voiles, nous dit-on, des hautes jonques d'Asie ?

« ... Il pleut sur les terrasses et les toitures cannelées : tuiles alors couleur de corne et de muscade, couleur de pierres sonores pour batteries légères et tympanons. La jarre de terre est sous l'auvent, et sa hanche est heureuse. L'ondée de mer est sur le carrelage et sur la pierre du seuil; est dans les jattes de plein air et les terrines vernissées aux revers de Nubiennes. S'y lavera l'Amante de sa nuit d'amante; y lavera ses hanches et puis sa gorge et son visage, y lavera ses cuisses jusqu'à l'aine et jusqu'au pli de l'aine. L'étoile aussi s'y lavera, dernière venue et tard sevrée.

« ... Il a plu, c'est le jour. Lune couleur d'alun. Et le ciel au levant prend couleur de sarcelle. À toute grâce, bienvenue! L'aube d'Été est, sur la mer, le premier pas d'amante nue hors de son linge foulé bas. De mer issu, et par les femmes, ce corps de femme né de femme... Et celle qui pour la nuit avait gardé ses perles nées de mer, s'apparentera encore au siècle du corail... Et peut-être n'a-t-il plu : si douce, ô pluie, fut ton approche... Et qui n'en douterait, n'était ce fin tracé de signes sur les sables, comme de fines meurtrissures au flanc des jeunes mères ?

*

« Matin lavé comme l'épouse. Et la couleur au monde restituée : entremetteuse et mérétrice! La mer est là, qui n'est plus songe. Et l'ovation lui soit donnée! comme à la mer elle-même de midi, celle qui lave ses lionceaux derrière les poivriers en fleurs... Je sais qu'un peuple de petites méduses, en forme d'ovaires, de matrices, emplit déjà la nuit des anses mises à jour. Et le raisin de mer est visité par de petits rongeurs nocturnes. De très grands arbres odorants se tournent en grâce vers la mer. Et toutes bêtes parasitées s'étrillent aux langues des lagunes. Et la mer roule jusqu'à nous ses poupées rondes de corail blanc. Les chercheurs d'ambre gris, sur leurs chevaux à l'amble, parcourent seuls les très longues plages renouvelées. Les ramasseurs de cailles se courbent vers les grottes et dans les creux du littoral.

« Et l'on ramasse aussi, pour les abords des temples et pour les lieux d'asile, de ces petites algues sèches de literie appelées posidonies. Et les trieuses de lentilles, coiffées de longues visières de feuillage, s'attablent aux gradins de pierre et sur les avancées de pierre en forme de comptoirs. Aux pointes d'îles sont les sternes, qui frayent avec l'huîtrier-pie. Et l'aiguille aimantée du bonheur tient sur les sables immergés sa lourde flèche d'or massif. Un poisson bleu, du bleu d'orfèvre, qui vire au vert de malachite aimé des grands Nomades, croise seul, en eau libre, comme un vaisseau d'offrande...

« Bienvenue! bienvenue! à tous nos hôtes — ô Consanguins!... Qu'à tous s'étende même palme!... Et toi que j'aime, tu es là. La paix des eaux soit avec nous!... et le sommeil aussi qui s'ouvre, pour l'amante, à la censure du grand jour...

« Il n'est sécurité plus grande qu'au sommeil de l'Amante. »

*

2 —

« ... Solitude, ô cœur d'homme! Celle qui s'endort à mon épaule gauche sait-elle du songe tout l'abîme ? Solitude et ténèbres au grand midi de l'homme... Mais source aussi secrète pour l'amante — ainsi la source sous la mer où bouge ce peu de sable et d'or...

« Tu t'éloigneras, désir, que je connaisse aussi ce front de femme mis à nu. Douce la femme au flair de l'homme, et douce aux serres de l'esprit... Ô goût de l'âme très foraine, nous diras-tu la rive que tu suis, et s'il te faut, faveur, ce col flexible de femme jusqu'à nous ?

« Celle qui s'exhale dans mon souffle et siffle à mon visage ce sifflement très pur et très puéril, m'ouvre le sillage de sa grâce, et, de sa lèvre très docile à son front de dêva, plus dévêtue que femme, livre sa face d'interdite comme l'envers des lunes satellites.

« Ô de toutes faces douces à voir, la plus douce épiée... Au pur ovale de douceur où tant de grâce tient visage, quelle autre grâce, plus lointaine, nous dit de femme plus que femme ? Et de Qui d'autre graciés, recevons-nous de femme cette faveur d'aimer ?

« Saveur de vierge dans l'amante, faveur d'amante dans la femme, et toi, parfum d'épouse à la naissance du front, ô femme prise à son arôme et femme prise à son essence, lèvres qui t'ont flairée ne fleurent point la mort... Incorruptible, ô grâce, plus que n'est la rose captive dans la lampe.

« Et par toi, l'or s'allume dans le fruit, et la chair immortelle nous dit son cœur de safran rose; et par toi, l'eau nocturne garde présence et saveur d'âme, comme aux enveloppes blanches, sans souillure, des grandes palmes pharaonnes, au lieu très-pur et très-soyeux de leur arrachement.

*

« ... Ô toi qui vas, dans le sommeil, ta part mortelle répudiant,

« Tu m'es promesse en Orient et qui sur mer sera tenue, tu m'es l'étrangeté dans la voile et le vélin du songe, et tu oscilles avec la vergue sur le grand arc du ciel couleur de rouget rose. Ou mieux, tu m'es la voile même, son office, et de la voile, l'idée pure — spéculation très chaste de l'esprit sur la surface vélique et le plan de voilure...

« Tu m'es l'approche matinale et m'es la nouveauté du jour, tu m'es fraîcheur de mer et fraîcheur d'aube sous le lait du Verseau, quand la première nuée rose se mire au miroir d'eau des sables, et l'Étoile verte du matin, Princesse apanagée du jour, descend, et les pieds nus, les gradins verts du ciel pour aumôner l'enfance au front bouclé des eaux...

« Tu m'es la transparence d'aigue du réveil et la prémonition du songe, tu es l'invisible même de la source au lieu de son émission, comme l'invisible même de la flamme, son essence, au lieu très pur et sans offense où le cœur frêle de la flamme est une bague de douceur...

« Tu es mangeuse de pétales et chair d'amaryllis des grèves, tu as goûté le sel aux paumes de l'Amant et l'as nourri du riz de tes rizières. Tu es l'innocence du fruit sur la terre étrangère; l'épi cueilli chez le Barbare; le grain semé sur la côte déserte pour le voyage du retour...

« Ô femme prise dans son cours, et qui s'écoule entre mes bras comme la nuit des sources, qui donc en moi descend le fleuve de ta faiblesse ? M'es-tu le fleuve, m'es-tu la mer ? ou bien le fleuve dans la mer ? M'es-tu la mer elle-même voyageuse, où nul, le même, se mêlant, ne s'est jamais deux fois mêlé ?

« Heureuse la courbe qui s'inscrit au pur délice de l'amante.

★

« ... Celle qui s'épanche à mon épaule gauche et remplit l'anse de mon bras, gerbe odorante et lâche, non liée (et très soyeuse fut l'histoire, à mon toucher, de ces tempes heureuses),

« Celle qui repose sur sa hanche droite, la face close contre moi (et de grands vases ainsi voyagent, sur leur affût d'un bois très tendre et sur leur selle de feutre blanc),

« Celle qui s'anime dans le songe contre la montée des ombres (et j'ai tendu le tendelet contre l'embrun de mer et la rosée nocturne, la voile est éventée vers le plus clair des eaux),

« Celle-là, plus douce que douceur au cœur de l'homme sans alliance, m'est charge, ô femme, plus légère que chargement d'épices, d'aromates — semence très précieuse et fret incorruptible au vaisseau de mes bras...

★

« Allez plus doucement, ô pas des heures sur mon toit, comme pieds nus de femme sur le pont. Le ciel en mer donne son lait, et c'est douceur encore d'une aube sous le lait du Verseau.

« Je veille seul et j'ai souci : porteur de femme et du miel de la femme, comme vaisseau porteur de blé d'Afrique ou du vin de Bétique. Et c'est vigile encore en Est, l'heure poreuse à notre attente.

« Le taret de la mort est dans le bois du lit, est dans la quille du navire. Mais l'amour frappe plus fort aux boiseries du songe. Et moi j'entends se déchirer la nuit à l'avant d'une proue.

« Comme la mer de juin respire dans les chambres — et l'amante bat des cils sous le fléau du songe — voici la mer elle-même en fleurs sous la première ondée du jour.

« Je sais, j'ai vu : mêlée d'herbages et d'huiles saintes, entre ses grandes mauves noires dilatées et ses affleurements d'abîme étincelant, berçant, pressant la masse heureuse de ses frondes,

« Et d'une seule houle très prospère, comme d'un seul pas de Vendangeuse, tôt foulée, toute la mer en vain foulée, et qui s'abaisse et qui s'élève, lactation très lente, au sein même de l'Être, sa constance...

« La brise en Est est sur l'eau neuve, plissement de chair de nouveau-né. La lune basse sur les dunes poursuit au loin les loutres blanches de l'enfance. Et la nuit tient ses mains de femme dans nos mains...

« Celle qui sommeille encore dans le jour, la nuit de mer est sur sa face, miroir d'une aube sans visage. Et moi je veille sur sa rive, rongé d'un astre de douceur... J'aurai pour celle qui n'entend

« les mots qui d'homme ne sont mots.

*

« Ô Voyageuse jusqu'à moi hors de ta nuit de femme, et qui t'éveilles en mains profanes, comme fille d'immortelle prise aux aisselles hors de l'écume mère, qui m'es-tu d'autre dans le jour et tout ce noircissement de l'être, son écorce ?

« Tu naissais, j'épiais... Toi dormeuse allongée sous l'amas de tes bras et sous le bouclier des seins, tu souriais, gardée de mal, entre mes mains fiée, comme fille de haute naissance à qui l'on fait passer les mers — et voici, tu t'éveilles, le front marqué du pli sacré; et quel présage encore jusqu'à toi s'ouvre sa route de colchiques ?

« Repose, ô cœur troublé. Il n'est menace ni péril. Sur ta faiblesse j'ai fondé, et sur ta grâce, composé. La souveraineté d'aimer s'exerce enfin contre le doute et l'argutie. Et n'es-tu pas de celles à qui la voix de mer s'est fait entendre ? " Que nulle ne mire sa crainte au miroir de mes eaux!"

« Dehors, le ciel s'aère à ses branchies de sel. La nuit d'été croise ses voiles et rentre ses barques gréées d'ailes. La lune s'apaise dans le vin de mauves. Et la servante renversée sur ses nattes de jonc héberge à fond de golfe les grandes figurations célestes en voie d'immersion.

« L'aurore est sur le pas des forges; au loin la ville et tout son peuple aux yeux cernés comme les morts. Les vaisseaux virent sur leur ancre. Les gardes ont relâché les chaînes d'avant-port. Et les lanternes de corne s'éteignent dans les bouges.

« Le bon accueil te soit donné, ô première houle visiteuse, qui fais remuer les coques dans les darses, et les mâtures à fond de port comme flèches au carquois. Les morts de mort violente descendent les estuaires avec les jacinthes d'eau. L'enfance et ses chiens jaunes déserte les familles. Et la mer de Jason nourrit au loin ses plantes carnassières...

« Amour, ô grâce recouvrée sous la censure du grand jour... Ne me dessaisis pas, clarté! de cette faveur, en tout, d'aimer, comme du souffle dans la voile... Étroits sont les vaisseaux, étroite notre couche. Et d'avoir si longtemps, dans la nuit, ployé l'arceau de la tendresse, garderons-nous contre le jour cette inflexion du corps et de l'épaule qui tarde à se défaire,

« comme il advient à ceux qui longtemps furent au creux des coques très fidèles ?... »

VI

1 —

« ... Un peu avant l'aurore et les glaives du jour, quand la rosée de mer enduit les marbres et les bronzes, et l'aboiement lointain des camps fait s'émietter les roses à la ville, je t'ai vu, tu veillais, et j'ai feint le sommeil.

« Qui donc en toi toujours s'aliène, avec le jour ? Et ta demeure, où donc est-elle ?... T'en iras-tu demain sans moi sur la mer étrangère ? Qui donc ton hôte, loin de moi ? Ou quel Pilote silencieux monte seul à ton bord, de ce côté de mer où l'on n'aborde ?

« Toi que j'ai vu grandir au-delà de ma hanche, comme guetteur penché sur le bord des falaises, tu ne sais point, tu n'as point vu, ta face d'aigle pérégrin. L'oiseau taillé dans ton visage percera-t-il le masque de l'amant ?

« Qui donc es-tu, Maître nouveau ? Vers quoi tendu, où je n'ai part ? et sur quel bord de l'âme te dressant, comme prince barbare sur son amas de sellerie; ou comme cet autre, chez les femmes, flairant l'acidité des armes ?

« Comment aimer, d'amour de femme aimer, celui pour qui nul ne peut rien ? Et d'amour que sait-il, qui ne sait qu'épier, au miracle du front, ce seul bonheur de femme qu'il suscite ?...

« Voici. Le vent se lève. Et l'étrille de l'athlète court déjà sur l'eau vive. La mer en armes toujours commande!... N'est-il si grand amour qui ne médite l'action ? — amour, amour qui si grand n'est, qu'au temps de sa désertion...

« Les aigles cette nuit n'étaient point aux armées. Tressaillement d'armes sous les sables et sous la pierre du seuil... Et toujours, à ta porte, la même vague hennissante, du même geste offrant, par ses deux branches haut tenues, le même spectre du haut mors!

« De mer aussi, le savais-tu ? nous vient parfois ce grand effroi de vivre. Et l'inquiétude alors est dans le sein de femme comme la vipère cornue des sables... Courlis du cœur, craintes d'amante, il n'est péril plus grand qu'au sommeil de l'Amante.

« Celui qui, dans la nuit, franchit la dune de mon corps pour s'en aller, la tête nue, interroger sur les terrasses Mars rougeoyant et fort ainsi qu'un feu de marche sur la mer, je dis qu'il n'a de femme l'usage ni le soin...

★

« ... Solitude, ô cœur d'homme! la haute mer en toi portée nourrira-t-elle plus que songe ? La nuit d'albâtre ouvrait ses urnes à la tristesse, et dans les chambres closes de ton cœur j'ai vu courir les lampes sans gardiennes.

« Où es-tu ? dit le songe. Et toi, tu n'as réponse : accoudé à ton mal comme un fils de Navarque, démuni de vaisseaux, qui a bâti en vue de mer sur la côte déserte — et son lit donne, toutes baies ouvertes, sur l'étendue des eaux.

« Où es-tu ? dit le songe. Et toi, tu vis au loin, tu vois cette ligne, au loin, qui bouge et crie démence : la mer au loin, d'âme inégale, comme une armée sans maître encombrée de devins... Et moi, que sais-je encore des routes jusqu'à toi ?

« Ne me sois pas un Maître dur par le silence et par l'absence. Ô face aimante, loin du seuil... Où combats-tu si loin que je n'y sois ? pour quelle cause qui n'eſt mienne ? Et tes armes quelles sont-elles, dont je n'ai point lavé la face ?

« J'ai crainte, et tu n'es là. L'épouse eſt seule et menacée, l'amante bafouée. Où sont tes émissaires, tes gardiens ? L'épouse désertée sera-t-elle aussi trahie ?... Qui tient le siège par la mer ? L'intrigue eſt sur le front de mer. Tu as noué l'intelligence. Et qui donc introduit l'Étrangère dans la place ? — La Mer eſt là, qui ne se nomme. Et fait le tour de la maison. L'inveſtissement touche à sa fin. La foule eſt dans les chambres. L'épouse n'eſt plus gardée de la promiscuité... Et ce n'eſt point, sur notre seuil, un pas de nourrice ni d'aïeule, mais l'on a fait entrer la Magicienne — celle que l'on fait monter par les cuisines et le quartier des écaillères. Qu'elle s'ouvre les veines dans la chambre et ne s'approche de ton lit ! Mer adultère et magicienne, qui t'ouvre là ses jupes vertes, et m'offre à boire ses boissons vertes. Et nous baignons, tous deux complices, dans ses yeux verts de Thessalienne — menace et honte pour l'Amante...

« Dieux secourables, dieux terreſtres ! ne prendrez-vous contre la Mer le parti de l'Amante ?... Et toi, cœur d'homme non cruel, veuille le Ciel aussi t'absoudre de ta force !

★

« ... Toi que j'ai vu dormir dans ma tiédeur de femme, comme un nomade roulé dans son étroite laine, qu'il te souvienne, ô mon amant, de toutes chambres ouvertes sur la mer où nous avons aimé.

« Nos lits défaits, nos cœurs à nu, songe à tout ce battement d'orage et de mer haute qui fut notre sang même, en quête de l'aveu ; à tous ces aſtres consumés que nous portions en mer avant le jour, marchant pieds nus entre les myrtes comme des meurtriers sacrés aux mains ensanglantées d'aèdes ; à tant de lunes exténuées que nous jetions, du haut des caps, au vol des mouettes ſtercoraires.

« Aimer aussi est action! J'en atteste la mort, qui d'amour seul s'offense. Et nos fronts sont parés du sel rouge des vivants! Ami, ne t'en va point de ce côté des villes où les vieillards un jour vous tressent la paille des couronnes. Gloire ni puissance ne se fondent qu'à hauteur du cœur d'homme. Et l'amour au désert consume plus de pourpre que n'en revêt la chute des Empires.

« Ne t'éloigne pas non plus de moi sur la mer incertaine. Il n'est de mer, ni d'heure, ni d'action, où ne puisse vivre femme, ta servante. Et la femme est dans l'homme, et dans l'homme est la mer, et l'amour loin de mort sur toute mer navigue. Mais nous, que savons-nous des forces qui nous joignent ?... Entends battre mon aile dans ton aile, captive — appel à l'orfraie mâle de sa compagne non sevrée!

« J'ai crainte, et j'ai eu froid. Sois avec moi contre la nuit du froid — comme au tertre des Rois, face à la mer, et pour le rite du solstice, l'astre rouge par le prêtre attaché à son montant de pierre noire, perforée... Tiens-moi plus fort contre le doute et le reflux de mort. Regarde-moi, Puissant! en cet endroit princier du front, entre les yeux, où du pinceau très vif se fixe le rouge vermillon du sacre.

« Adjoint le dieu! Et foi jurée!... Ne t'éloigne point. Sois là! Que nul en toi ne songe ni s'aliène! Et celle qui veillait, sur son flanc droit, sa veille de mortelle, se lèvera encore auprès de l'homme pour ce grand rire d'immortels qui nous liait tous deux à la dissipation des eaux... Et ma prière alors aux dieux muets : qu'un même lé de mer, au même lé de songe, nous joigne un jour, de même mort!

« Il n'est d'action plus grande, ni hautaine, qu'au vaisseau de l'amour. »

*

2 —

« ... Armes rompues à fond d'aurore — ô splendeur!

ô tristesse! — et mer au loin inéligible... Un homme a vu des vases d'or aux mains des pauvres. Et moi j'errais au même songe, longeant l'étroite rive humaine.

« Ni traître, ni parjure. N'aie crainte. Vaisseau qui porte femme n'est point vaisseau qu'homme déserte. Et ma prière aux dieux de mer : gardez, ô dieux! croisée de femme, l'épée très chaste du cœur d'homme.

« Amie, notre race est forte. Et la mer entre nous ne trace point frontière... Nous irons sur la mer aux très fortes senteurs, l'obole de cuivre entre les dents. L'amour est sur la mer, où sont les vignes les plus vertes; et les dieux courent au raisin vert, les taureaux aux yeux verts chargés des plus belles filles de la terre.

« J'y laverai mon linge de nomade, et ce cœur d'homme trop peuplé. Et là les heures nous soient telles qu'on les veuille prier : comme filles de grande maison quand elles s'embarquent sans servantes — libres manières et très haut ton, honneur et grâce et fièvre d'âme!

« Amants, nous ne sommes point gens de labour ni valets de moisson. Pour nous la haute et libre vague que nul n'attelle ni n'oblige. Et pour nous, sur l'eau neuve, toute la nouveauté de vivre, et toute la grande fraîcheur d'être... Ô dieux, qui dans la nuit voyez nos faces à découvert, vous n'avez vu des faces peintes ni des masques!

★

« Quand nous aurons levé nos lattes de bois mince, un siècle entier du drame aura tendu ses draps nouveaux. Quelqu'un enfin s'est fait entendre! Quel hennissement d'étalon blanc a fait courir, avec la brise, ce très grand frémissement d'amante sur la robe des eaux ?

« Nous descendrons aux baies mi-closes où l'on baigne au matin les jeunes bêtes échauffées, encore toutes gluantes du premier flux de sève vaginale. Et nagerons encore de pair, avant de lever l'ancre, sur ces hauts-fonds d'eau claire, carrelés d'azur et d'or, où vont nos ombres s'unissant au même lé de songe.

« Le vent se lève. Hâte-toi. La voile bat au long du mât. L'honneur est dans les toiles; et l'impatience sur les eaux comme fièvre du sang. La brise mène au bleu du large ses couleuvres d'eau verte. Et le pilote lit sa route entre les grandes taches de nuit mauve, couleur de cerne et d'ecchymose.

« ... Amies, j'ai tant rêvé de mer sur tous nos lits d'amants! et si longtemps l'Intruse a sur nos seuils traîné sa robe d'étrangère, comme bas de jupe sous les portes... Ah! qu'une seule vague par le monde, qu'une même vague, ô toutes, vous rassemble, compagnes et filles de tout rang, vivantes et mortes de tout sang!

*

« ... Et la mer, de partout, nous vient à hauteur d'homme, pressant, haussant l'essaim serré des jeunes vagues, comme mille têtes d'épousées... Roses, dit la légende, roses qui preniez feu aux mains du Ravisseur, m'envierez-vous Celle qui passe avec moi la porte de chaux vive, sur l'escalier du port ?

« Du meilleur de nos grains, du meilleur de nos fruits fut cette chair, ô femme, façonnée. Les sels noirs de la terre poudrent encore ses cils liés. Alcoolats de lavande, eaux de cédrat au zeste nous diront mieux sur mer son âme de sel vert. Et l'amour sur le pont chausse sandales de cuir rouge... " Ayah, chèvre du bord, vous donnera son lait... Le singe a emporté vos perles dans la mâture... "

« — Mortelle ? Ah! plus aimée d'être en péril!... Tu ne sais pas, tu ne sais pas, ô Parque, pour le cœur d'homme très secret, ce prix d'une première ride de femme au plus insigne du front calme. " Gardez, disait l'homme du conte, gardez, ô Nymphe non mortelle, votre offre d'immortalité. Votre île n'est pas mienne où l'arbre ne s'effeuille; ni votre couche ne m'émeut, où l'homme n'affronte son destin. "

« Plutôt la couche des humains, honorée de la mort!... J'épuiserai la route du mortel — fortune de mer et malencontres — et garderai de male épine Celle qui s'abrite sous ma voile. Mains périssables, mains sacrées! vous renouez pour moi la dignité de vaincre. Aimant, je vais où va la mort aventureuse et vaine. Ô libre rire des Amants, et l'arrogance du haut vivre, comme sur la mer insaisissable et brève ce grand frémissement d'honneur où court la voile sous ses ris!...

★

« ... Beau temps en mer, deux rides pures au front très pur; et grand bienfait d'amante sur les eaux. Celle dont le cœur nourrit l'innocence du jour, et porte à l'indigence son bol de douceur; celle qui porte son amour comme l'oubli des lampes en plein jour; celle qui a dit en moi le vrai, et qui me rachètera des mains du Barbaresque, celle-là, plus forte que douceur, m'a dit de femme plus que femme. Et la mer entre nous tient haute caste de vivants.

« Étroits sont les vaisseaux, étroite notre couche. Et par toi, cœur aimant, toute l'étroitesse d'aimer, et par toi, cœur inquiet, tout l'au-delà d'aimer. Entends siffler plus haut que mer la horde d'ailes migratrices. Et toi force nouvelle, passion plus haute que d'aimer, quelle autre mer nous ouvres-tu où les vaisseaux n'ont point d'usage? (Ainsi j'ai vu un jour, entre les îles, l'ardente migration d'abeilles, et qui croisait la route du navire, attacher un instant à la haute mâture l'essaim farouche d'une âme très nombreuse, en quête de son lieu...)

« Amants terribles et secrets, ô silencieux Amants, ô vous que nul sommeil ne souille, la Mer vous ait en sa puissance!... Le monde court à ses renouvellements d'assises — déchirement de sages à la proue, semence d'éclairs sur toutes crêtes, et tout l'échevèlement joyeux du drame non faillible. Pour nous la mer invétérée du songe, dit réel, et ses grandes voies d'empire portant au loin l'alliance, et ses grandes lois d'irrévérence portant au loin révélation; pour nous, ô face très prodigue, l'immense ruche du futur, plus riche d'alvéoles que les falaises trouées d'idoles du Désert. Et notre attente n'est plus vaine, et l'offrande est de femme!...

« Amants! Amants! où sont nos pairs ? Nous avançons, face à la nuit, avec un astre sur l'épaule comme l'épervier des Rois! Derrière nous tout ce sillage qui s'accroît et qui s'allaite encore à notre poupe, mémoire en fuite et voie sacrée. Et nous tournant encore vers la terre rétrograde et vers son peuple de balustres, nous lui crions, ô terre, notre peu de foi dans sa coutume et dans son aise; et qu'il n'est point pour nous sur mer poudre ni cendre aux mains de l'usager.

« De nul office n'avons-nous charge, n'étant de nul accrédités — ni princes ni légats d'Empire, à bout de péninsules, pour assister en mer l'Astre royal à son coucher; mais seuls et libres, sans caution ni gage, et n'ayant part au témoignage... Une trirème d'or navigue, chaque soir, vers cette fosse de splendeur où l'on verse à l'oubli tout le bris de l'histoire et la vaisselle peinte des âges morts. Les dieux vont nus à leur ouvrage. La mer aux torches innombrables lève pour nous splendeur nouvelle, comme de l'écaille de poisson noir.

« Amants! Amants! Qui sait nos routes ?... À la Ville ils diront : " Qu'on les cherche! Ils s'égarent! Et leur absence nous est tort. " Mais nous : Où donc l'abus ? Les dieux s'aveuglent sur l'eau noire. Heureux les égarés sur mer! Et de la Mer aussi qu'on dise : heureuse l'égarée!... Une même vague par le monde, une même vague parmi nous, haussant, roulant l'hydre amoureuse de sa force... Et du talon divin, cette pulsation très forte, et qui tout gagne... Amour et mer de même lit, amour et mer au même lit...

« Hommage, hommage à la véracité divine! Et longue mémoire sur la mer au peuple en armes des Amants! »

VII

L'hiver venu, la mer en chasse, la nuit remonte les estuaires, et les voiliers d'offrande se bercent aux voûtes des sanctuaires. Les cavaliers en Est sont apparus sur leurs chevaux couleur de poil de loup. Les tombereaux chargés d'herbes amères s'élèvent dans les terres. Et les vaisseaux à sec sont visités de petites loutres de rivage. Les étrangers venus de mer seront soumis au cens.

Amie, j'ai vu vos yeux barrés de mer, comme sont les yeux de l'Égyptienne. Et les barques de plaisance sont tirées sous les porches, par les allées bordées de conques, de buccins; les terrasses disjointes sont envahies d'un peuplement tardif de petits lys des sables. Et l'orage noue ses robes noires et le ciel chasse sur ses ancres. Les hautes demeures sur les caps sont étayées de madriers. On rentre les cages d'oiseaux nains.

★

L'hiver venu, la mer au loin, la terre nous montre ses rotules. On fait brûler la poix et le goudron dans les bassines de fonte. Il est temps, ô Cités, d'armorier d'une nef les portes de Cybèle. Et c'est aussi le temps venu de célébrer le fer sur l'enclume bigorne. La mer est dans le ciel des hommes et dans la migration des toits. Les cordiers marchent à reculons dans les fossés du port, et les pilotes sans vaisseaux s'accoudent aux tables des tavernes, les géographes s'enquièrent des routes littorales. Le Magistrat des étrangers vous dira-t-il le gîte des Amants ?

Ô songe encore, dis le vrai. Les livraisons de bois d'épave passent les portes de la ville. Les Maîtres de maison se fournissent en sel. Les filles de grande maison changent de linge devant l'âtre, et la flamme jaune bat de l'aile comme un rapace de mer dans une cage de fer. On brûle en chambre, sur des pelles, les feuilles d'écorce cannelée. Et le trafic de mer déverse son numéraire aux cours des banques de famille, les bêtes d'attelage flairent le bronze des fontaines — tintement d'alliages dans les chambres, abaques et bouliers derrière les portes grillagées — et voici d'une devise en forme encore de nacelle, ou de chaussure de femme... Au témoignage des monnaies s'éclairent l'histoire et la chronique.

*

L'hiver venu, les mouches mortes, on tire des coffres de théâtre les grandes étoffes vertes à motifs rouge vif. Les habilleuses des morts se louent dans les théâtres avec les figurants. Et la mer aux senteurs de latrine habite encore l'angle des vieux murs. La foule marche, mêlée d'os, dans la rumeur encore des conques de Septembre... Amie, quelle autre mer en nous s'immerge et clôt sa rose d'ellébore ? Les taches jaunes de l'été s'effaceront-elles au front des femmes ? Voici venir le fond des choses : tambours d'aveugles aux ruelles et poudre aux murs longés du pauvre. La foule est vaine, et l'heure vaine, où vont les hommes sans vaisseaux.

Ô songe encore, dis le vrai. L'hiver venu, les astres forts, la Ville brille de tous ses feux. La nuit est la passion des hommes. On parle fort au fond des cours. L'aspic des lampes est dans les chambres, la torche avide dans son anneau de fer. Et les femmes sont peintes pour la nuit au rouge pâle de corail. Ivres leurs yeux barrés de mer. Et celles qui s'ouvrent, dans les chambres, entre leurs genoux d'or, élèvent à la nuit une plainte très douce, mémoire et mer du long été. — Aux portes closes des Amants clouez l'image du Navire!

*

... Une même vague par le monde, une même vague par la Ville... Amants, la mer nous suit! la mort n'est point! Les dieux nous hèlent à l'escale... Et nous tirons de sous nos lits nos plus grands masques de famille.

CHŒUR

Mer de Baal, Mer de Mammon...

I

« Mer de Baal, Mer de Mammon — Mer de tout âge et de tout nom,
« Ô Mer sans âge ni raison, ô Mer sans hâte ni saison,

« Mer de Baal et de Dagon — face première de nos songes,
« Ô Mer promesse de toujours et Celle qui passe toute promesse,

« Mer antérieure à notre chant — Mer ignorance du futur,
« Ô Mer mémoire du plus long jour et comme douée d'insanité,

« Très haut regard porté sur l'étendue des choses et sur le cours de l'Être, sa mesure!...

★

« Nous t'invoquons, Sagesse! et t'impliquons dans nos serments,
« Ô grande dans l'écart et dans la dissemblance, ô grande de grande caste et haute de haut rang,
« À toi-même ta race, ta contrée et ta loi; à toi-même ton peuple, ton élite et ta masse,
« Mer sans régence ni tutelle, Mer sans arbitre ni conseil, et sans querelle d'investiture :
« Investie de naissance, imbue de ta prérogative; établie dans tes titres et tes droits régaliens,

« Et dans tes robes impériales t'assurant, pour discourir au loin de la grandeur et dispenser au loin
« Tes grandes façons d'être, comme faveurs d'empire et grâces domaniales.

★

« Dormions-nous, et toi-même, Présence, quand fut rêvée pour nous pareille déraison ?
« Nous t'approchons, Table des Grands, le cœur étreint d'une étroitesse humaine.
« Faut-il crier ? faut-il créer ? — Qui donc nous crée en cet instant ? Et contre la mort elle-même n'est-il que de créer ?
« Nous t'élisons, Site des Grands, ô singulier Parage! Cirque d'honneur et de croissance et champ d'acclamation!
« Et qu'est-ce encore, nous te prions, que cette alliance sans retour et cette audience sans recours ?
« Plutôt brûler à ton pourtour de mer cent Rois lépreux couronnés d'or,
« Massif d'honneur et d'indigence et fierté d'hommes sans appel.

★

« Libre cours à ta gloire, Puissance! ô Préalable et Suzeraine!... Immense est le district, plénière la juridiction;
« Et c'est assez pour nous, dans ton ressort, de mendier l'usage et la franchise,
« Ô Mer sans gardes ni clôtures, ô Mer sans vignes ni cultures, où s'étend l'ombre cramoisie des Grands!
« Assis à tes confins de pierre comme des chiens à tête de singes, dieux métissés d'argile et de tristesse,
« Sur toutes pentes ravinées, sur toutes pentes calcinées couleur de fèces torréfiées,
« Nous te rêvions, Session dernière! et nous avions pour toi ce rêve d'une plus haute instance :
« L'assemblée, à longs plis, des plus hautes cimes de la terre, comme une amphictyonie sacrée des plus grands Sages institués — toute la terre, en silence, et dans ses robes collégiales, qui prend séance et siège à l'hémicycle de pierre blanche... »

2

Avec ceux-là qui, s'en allant, laissent aux sables leurs sandales, avec ceux-là qui, se taisant, s'ouvrent les voies du songe sans retour,

Nous nous portons un jour vers toi dans nos habits de fête, Mer innocence du Solstice, Mer insouciance de l'accueil, et nous ne savons plus bientôt où s'arrêtent nos pas...

Ou bien est-ce toi, fumée du seuil, qui de toi-même montes en nous comme l'esprit sacré du vin dans les vaisseaux de bois violet, au temps des astres rougeoyants ?

Nous t'assiégeons, Splendeur! Et te parasiterons, ruche des dieux, ô mille et mille chambres de l'écume où se consume le délit. — Sois avec nous, rire de Cumes et dernier cri de l'Éphésien!...

Ainsi le Conquérant, sous sa plume de guerre, aux dernières portes du Sanctuaire : « J'habiterai les chambres interdites et je m'y promènerai... » Bitume des morts, vous n'êtes point l'engrais de ces lieux-là!

Et toi, tu nous assisteras contre la nuit des hommes, lave splendide à notre seuil, ô Mer ouverte au triple drame : Mer de la transe et du délit; Mer de la fête et de l'éclat; et Mer aussi de l'action!

★

Mer de la transe et du délit — voici :

Nous franchissons enfin le vert royal du Seuil; et faisant plus que te rêver, nous te foulons, fable divine!... Aux clairières sous-marines se répand l'astre sans visage; l'âme plus que l'esprit s'y meut avec célérité. Et tu nous es grâce d'ailleurs. En toi, mouvante, nous mouvant, nous épuisons l'offense et le délit, ô Mer de l'ineffable accueil et Mer totale du délice!

Nous n'avons point mordu au citron vert d'Afrique, ni nous n'avons hanté l'ambre fossile et clair enchâssé d'ailes d'éphémères; mais là vivons, et dévêtus, où la chair même n'est plus chair et le feu même n'est plus flamme — à même la sève rayonnante et la semence très précieuse : dans tout ce limbe d'aube verte, comme une seule et vaste feuille infusée d'aube et lumineuse...

Unité retrouvée, présence recouvrée! Ô Mer instance lumineuse et chair de grande lunaison. C'est la clarté pour nous faite substance, et le plus clair de l'Être mis à jour, comme au glissement du glaive hors de sa gaine de soie rouge : l'Être surpris dans son essence, et le dieu même consommé dans ses espèces les plus saintes, au fond des palmeraies sacrées... Visitation du Prince aux relais de sa gloire! Que l'Hôte enfin s'attable avec ses commensaux!...

Et l'alliance est consommée, la collusion parfaite. Et nous voici parmi le peuple de ta gloire comme l'écharde au cœur de la vision. Faut-il crier ? faut-il louer ? Qui donc nous perd en cet instant — ou qui nous gagne ?... Aveugles, nous louons. Et te prions, Mort visitée des Grâces immortelles. Veuillent nos phrases, dans le chant, par le mouvement des lèvres graciées, signifier plus, ô dieux! qu'il n'est permis au songe de mimer.

Il est, il est, en lieu d'écumes et d'eaux vertes, comme aux clairières en feu de la Mathématique, des vérités plus ombrageuses à notre approche que l'encolure des bêtes fabuleuses. Et soudain là nous perdons pied. Est-ce toi, mémoire, et Mer encore à ton image ? Tu vas encore et tu te nommes, et mer encore nous te nommons, qui n'avons plus de nom... Et nous pourrions encore te rêver, mais pour si peu de temps encore, te nommer...

⋆

Mer de la fête et de l'éclat — voici :

Dieu l'Indivis gouverne ses provinces. Et la Mer entre en liesse aux champs de braise de l'amour... Mangeuse de mauves, de merveilles, ô Mer mangeuse de pavots d'or dans les prairies illuminées d'un éternel Orient! Lessiveuse d'ors aux sables diligents, et Sibylle diluée dans les argiles blanches de la baie!... C'est toi, tu vas et tu t'honores, ô laveuse de tombeaux à toutes pointes de la terre, ô leveuse de flambeaux à toutes portes de l'arène!

Les vieux mâcheurs de cendres et d'écorces se lèvent, les dents noires, pour te saluer avant le jour. Et nous qui sommes là, nous avons vu, entre les palmes, l'aube enrichie des œuvres de ta nuit. Et toi-même, au matin, toute laquée de noir, comme la vierge prohibée en qui s'accroît le dieu. Mais à midi, courroucée d'ors! comme la monture caparaçonnée du dieu, que nul ne monte ni n'attelle — la lourde bête cadencée sous ses housses royales, enchâssée de pierreries et surhaussée d'argent, qui berce aux feux du jour son haut-relief d'images saisissantes et ses grandes plaques agencées d'orfèvrerie sacrée;

Ou bien bâtée de tours de guet, et sous ses grandes amulettes de guerre agrafées de vieux cuivre, la rude bête arquée entre ses boucliers d'honneur, qui porte à ses crocs d'attelage, comme un amas d'entrailles et d'algues, la riche charge de mailles, de maillons et d'émerillons de bronze de sa cotte d'armure, et ses beaux fers de guerre, suifés d'usure, aux emmanchures à soufflets de ses grands tabliers de cuir;

Ou mieux encore, et parmi nous, la douce bête nue dans sa couleur d'asphalte, et peinte à grands motifs d'argile fraîche et d'ocre franche, porteuse seulement du sceptre au joyau rouge et du bétyle noir; et votive, et massive, et pesante au bourbier de la foule, qui danse, seule, et pèse, pour son dieu, parmi la foule immolestée...

★

Et Mer aussi de l'action — voici :

Nous y cherchons nos lances, nos milices, et cette lancination du cœur qui force en nous l'exploit... Mer inlassable de l'afflux, Mer infaillible du reflux! ô Mer violence du Barbare et Mer tumulte du grand Ordre, Mer incessante sous l'armure, ô plus active et forte qu'au sursaut de l'amour, ô libre et fière en tes saillies! que notre cri réponde à ton exultation, Mer agressive de nos Marches, et tu seras pour nous Mer athlétique de l'Arène!

Car ton plaisir est dans la masse et dans la propension divine, mais ton délice est à la pointe du récif, dans la fréquence de l'éclair et la fréquentation du glaive. Et l'on t'a vue, Mer de violence, et de mer ivre, parmi tes grandes roses de bitume et tes coulées de naphtes lumineuses, rouler aux bouches de ta nuit, comme des meules saintes marquées de l'hexagramme impur, les lourdes pierres lavées d'or de tes tortues géantes.

Et toi-même mouvante dans tes agencements d'écaille et tes vastes mortaises, Mer incessante sous l'armure et Mer puissance très agile — ô massive, ô totale — luisante et courbe sur ta masse, et comme tuméfiée d'orgueil, et toute martelée du haut ressac de ta faune de guerre, toi Mer de lourde fondation et Mer, levée du plus grand Ordre — ô triomphe, ô cumul — du même flux portée! t'enfler et te hausser au comble de ton or comme l'ancile tutélaire sur sa dalle de bronze...

Les citadelles démantelées au son des flûtes de guerre ne comblent pas un lieu plus vaste pour la résurrection des morts! Aux clartés d'iode et de sel noir du songe médiateur, l'anneau terrible du Songeur enclôt l'instant d'un immortel effroi : l'immense cour pavée de fer des sites interdits, et la face, soudain, du monde révélé dont nous ne lirons plus l'avers... Et du Poète lui-même dans cette quête redoutable, et du Poète lui-même qu'advient-il, dans cette rixe lumineuse ? — Pris les armes à la main, vous dira-t-on ce soir.

3

... Innombrable l'image, et le mètre, prodigue. Mais l'heure vient aussi de ramener le Chœur au circuit de la strophe.

Gratitude du Chœur au pas de l'Ode souveraine. Et la récitation reprise en l'honneur de la Mer.

Le Récitant fait face encore à l'étendue des Eaux. Il voit, immensément, la Mer aux mille fronces

Comme la tunique infiniment plissée du dieu aux mains des filles de sanctuaires,

Ou, sur les pentes d'herbe pauvre, aux mains des filles de pêcheurs, l'ample filet de mer de la communauté.

Et maille à maille se répète l'immense trame prosodique — la Mer elle-même, sur sa page, comme un récitatif sacré :

★

« ... Mer de Baal, Mer de Mammon, Mer de tout âge et de tout nom; ô Mer d'ailleurs et de toujours, ô Mer promesse du plus long jour, et Celle qui passe toute promesse, étant promesse d'Étrangère; Mer innombrable du récit, ô Mer prolixité sans nom!

« En toi mouvante, nous mouvant, nous te disons Mer innommable : muable et meuble dans ses mues, immuable et même dans sa masse; diversité dans le principe et parité de l'Être, véracité dans le mensonge et trahison dans le message; toute présence et toute absence, toute patience et tout refus — absence, présence; ordre et démence — licence!...

« Ô Mer fulguration durable, face frappée du singulier éclat! Miroir offert à l'Outre-songe et Mer ouverte à l'Outre-mer, comme la Cymbale impaire au loin appariée! Blessure ouverte au flanc terrestre pour l'intrusion sacrée, déchirement de notre nuit et resplendissement de l'autre — pierre du seuil lavée d'amour et lieu terrible de la désécration!

« (Imminence, ô péril! et l'embrasement au loin porté comme aux déserts de l'insoumission; et la passion au loin portée comme aux épouses inappelées d'un autre lit... Contrée des Grands, heure des Grands — la pénultième, et puis l'ultime, et celle même que voici, infiniment durable sous l'éclair!)

« Ô multiple et contraire! ô Mer plénière de l'alliance et de la mésentente! toi la mesure et toi la démesure, toi la violence et toi la mansuétude; la pureté dans l'impureté et dans l'obscénité — anarchique et légale, illicite et complice, démence!... et quelle et quelle, et quelle encore, imprévisible ?

« L'incorporelle et très-réelle, imprescriptible; l'irrécusable et l'indéniable et l'inappropriable; inhabitable, fréquentable; immémoriale et mémorable — et quelle et quelle, et quelle encore, inqualifiable ? L'insaisissable et l'incessible, l'irréprochable irréprouvable, et celle encore que voici : Mer innocence du Solstice, ô Mer comme le vin des Rois!...

« Ah! Celle toujours qui nous fut là et qui toujours nous sera là, honorée de la rive et de sa révérence : conciliatrice et médiatrice, institutrice de nos lois — Mer du mécène et du mendiant, de l'émissaire et du marchand. Et Celle encore que l'on sait : assistée de nos greffes, assise entre nos prêtres et nos juges qui donnent leurs règles en distiques — et Celle encore qu'interrogent les fondateurs de ligues maritimes, les grands fédérateurs de peuples pacifiques et conducteurs de jeunes hommes vers leurs épouses d'autres rives,

« Celle-là même que voient en songe les garnisaires aux frontières, et les sculpteurs d'insignes sur les bornes d'empire; les entrepositaires de marchandises aux portes du désert et pourvoyeurs de numéraire en monnaie de coquilles; le régicide en fuite dans les sables et l'extradé qu'on reconduit sur les routes de neige; et les gardiens d'esclaves dans les mines adossés à leurs dogues, les chevriers roulés dans leurs haillons de cuir et le bouvier porteur de sel parmi ses bêtes orientées; ceux qui s'en vont à la glandée parmi les chênes prophétiques, ceux-là qui vivent en forêt pour les travaux de boissellerie, et les chercheurs de bois coudé pour construction d'étraves; les grands aveugles à nos portes au temps venu des feuilles mortes, et les potiers qui peignent, dans les cours, les vagues en boucles noires sur l'argile des coupes, les assembleurs de voiles pour les temples et les tailleurs de toiles maritimes sous le rempart des villes; et vous aussi, derrière vos portes de bronze, commentateurs nocturnes des plus vieux textes de ce monde, et l'annaliste, sous sa lampe, prêtant l'oreille à la rumeur lointaine des peuples et de leurs langues immortelles, comme l'Aboyeur des morts au bord des fosses funéraires; les voyageurs en pays haut nantis de lettres officielles, ceux qui cheminent en litière parmi la houle des moissons ou les forêts pavées de pierre du Roi dément; et les porteurs de perle rouge dans la nuit, errant avec l'Octobre sur les grandes voies retentissantes de l'histoire des armes; les capitaines à la chaîne parmi la foule du triomphe, les magistrats élus aux soirs d'émeute sur les bornes et les tribuns haussés sur les grandes places méridiennes; l'amante au torse de l'amant comme à l'autel des naufragés, et le héros qu'enchaîne au loin le lit de Magicienne, et l'étranger parmi nos roses qu'endort un bruit de mer dans le jardin d'abeilles de l'hôtesse — et c'est midi — brise légère — le philosophe sommeille dans son vaisseau d'argile, le juge sur son entablement de pierre à figure de proue, et les pontifes sur leur siège en forme de nacelle... »

★

Indicible, ô promesse! Vers toi la fièvre et le tourment!

Les peuples tirent sur leur chaîne à ton seul nom de mer, les bêtes tirent sur leur corde à ton seul goût d'herbages et de plantes amères, et l'homme appréhendé de mort s'enquiert encore sur son lit de la montée du flot, le cavalier perdu dans les guérets se tourne encore sur sa selle en quête de ton gîte, et dans le ciel aussi s'assemblent vers ton erre les nuées filles de ton lit.

Allez et descellez la pierre close des fontaines, là où les sources vers la mer méditent la route de leur choix. Qu'on tranche aussi le lien, l'assise et le pivot! Trop de rocs à l'arrêt, trop de grands arbres à l'entrave, ivres de gravitation, s'immobilisent encore à ton orient de mer, comme des bêtes que l'on trait.

Ou que la flamme elle-même, dévalant, dans une explosion croissante de fruits de bois, d'écailles, et d'escarres, mène à son fouet de flamme la harde folle des vivants! jusqu'à ton lieu d'asile, ô Mer, et tes autels d'airain sans marches ni balustres! serrant du même trait le Maître et la servante, le Riche et l'indigent, le Prince et tous ses hôtes avec les filles de l'intendant, et toute la faune aussi, familière ou sacrée, la hure et le pelage, la corne et le sabot, et l'étalon sauvage avec la biche au rameau d'or...

(Et du pénate ni du lare que nul ne songe à se charger; ni de l'aïeul aveugle, fondateur de la caste. Derrière nous n'est point l'épouse de sel, mais devant nous l'outrance et la luxure. Et l'homme chassé, de pierre en pierre, jusqu'au dernier éperon de schiste ou de basalte, se penche sur la mer antique, et voit, dans un éclat de siècles ardoisés, l'immense vulve convulsive aux mille crêtes ruisselantes, comme l'entraille divine elle-même un instant mise à nu.)

★

... Vers toi l'Épouse universelle au sein de la congrégation des eaux, vers toi l'Épouse licencieuse dans l'abondance de ses sources et le haut flux de sa maturité, toute la terre elle-même ruisselante descend les gorges de l'amour : toute la terre antique, ta réponse, infiniment donnée — et de si loin si longuement, et de si loin, si lente modulée — et nous-mêmes avec elle, à grand renfort de peuple et piétinement de foule, dans nos habits de fête et nos tissus légers, comme la récitation finale hors de la strophe et de l'épode, et de ce même pas de danse, ô foule! qui vers la mer puissante et large, et de mer ivre, mène la terre docile et grave, et de terre ivre...

Affluence, ô faveur!... Et le navigateur sous voiles qui peine à l'entrée des détroits, s'approchant tour à tour de l'une et l'autre côte, voit sur les rives alternées les hommes et femmes de deux races, avec leurs bêtes tachetées, comme des rassemblements d'otages à la limite de la terre — ou bien les pâtres, à grands pas, qui marchent encore sur les pentes, à la façon d'acteurs antiques agitant leurs bâtons.

Et sur la mer prochaine vont les grandes serres de labour du resserrement des eaux. Et au delà s'ouvre la Mer étrangère, au sortir des détroits, qui n'est plus mer de tâcheron, mais seuil majeur du plus grand Orbe et seuil insigne du plus grand Âge, où le pilote est congédié — Mer ouverture du monde d'interdit, sur l'autre face de nos songes, ah! comme l'outrepas du songe, et le songe même qu'on n'osa!...

4

— Et c'est à Celle-là que nous disons notre âge d'hommes, et c'est à Celle-là que va notre louange :

« ... Elle est comme la pierre du sacre hors de ses housses; elle est de la couleur du glaive qui repose sur son massif de soierie blanche.

« Dans sa pureté lustrale règnent les lignes de force de sa grâce; elle prend reflet du ciel mobile, et qui s'oriente à son image.

« Elle est mer fédérale et mer d'alliance, au confluent de toutes mers et de toutes naissances.

« ... Elle est mer de mer ivre et mer du plus grand rire; et vient aux lèvres du plus ivre, sur ses grands livres ouverts comme pierre des temples :

« Mer innombrable dans ses nombres et ses multiples de nombres; Mer inlassable dans ses nomes et ses dénombrements d'empires!

« Elle croît sans chiffres ni figures et vient aux lèvres du plus ivre, comme cette numération parlée dont il est fait mention dans les cérémonies secrètes.

« ... Mer magnanime de l'écart, et Mer du plus grand laps, où chôment les royaumes vides et les provinces sans cadastre,

« Elle est l'errante sans retour, et mer d'aveugle migration, menant sur ses grandes voies désertes et sur ses pistes saisonnières, parmi ses grandes figurations d'herbages peints,

« Menant la foule de son peuple et de ses hordes tributaires, vers la fusion lointaine d'une seule et même race.

« ... M'es-tu présence ? — cri du plus ivre — ou survivance du présage ? ... C'est toi, Présence, et qui nous songes.

« Nous te citons : " Sois là! " Mais toi, tu nous as fait cet autre signe qu'on n'élude; nous as crié ces choses sans mesure.

« Et notre cœur est avec toi parmi l'écume prophétique et la numération lointaine, et l'esprit s'interdit le lieu de tes saillies.

« ... Nous te disions l'Épouse mi-terrestre : comme la femme, périodique, et comme la gloire, saisonnière;

« Mais toi tu vas, et nous ignores, roulant ton épaisseur d'idiome sur la tristesse de nos gloires et la célébrité des sites engloutis.

« Faut-il crier ? faut-il prier ?... Tu vas, tu vas, l'Immense et Vaine, et fais la roue toi-même au seuil d'une autre Immensité... »

★

Et maintenant nous t'avons dit ton fait, et maintenant nous t'épierons, et nous nous prévaudrons de toi dans nos affaires humaines :

« Écoute, et tu nous entendras; écoute, et nous assisteras.

« Ô toi qui pèches infiniment contre la mort et le déclin des choses,

« Ô toi qui chantes infiniment l'arrogance des portes, criant toi-même à d'autres portes,

« Et toi qui rôdes chez les Grands comme un grondement de l'âme sans tanière,

« Toi, dans les profondeurs d'abîme du malheur si prompte à rassembler les grands fers de l'amour,

« Toi, dans l'essai de tes grands masques d'allégresse si prompte à te couvrir d'ulcérations profondes,

« Sois avec nous dans la faiblesse et dans la force et dans l'étrangeté de vivre, plus haute que la joie,

« Sois avec nous Celle du dernier soir, qui nous fait

honte de nos œuvres, et de nos hontes aussi nous fera grâce,

« Et veuille, à l'heure du délaissement et sous nos voiles défaillantes,

« Nous assister encore de ton grand calme, et de ta force, et de ton souffle, ô Mer natale du très grand Ordre!

« Et le surcroît nous vienne en songe à ton seul nom de Mer!... »

★

Nous t'invoquons enfin toi-même, hors de la strophe du Poète. Qu'il n'y ait plus pour nous, entre la foule et toi, l'éclat insoutenable du langage :

« ... Ah! nous avions des mots pour toi et nous n'avions assez de mots,

« Et voici que l'amour nous confond à l'objet même de ces mots,

« Et mots pour nous ils ne sont plus, n'étant plus signes ni parures,

« Mais la chose même qu'ils figurent et la chose même qu'ils paraient;

« Ou mieux, te récitant toi-même, le récit, voici que nous te devenons toi-même, le récit,

« Et toi-même sommes-nous, qui nous étais l'Inconciliable : le texte même et sa substance et son mouvement de mer,

« Et la grande robe prosodique dont nous nous revêtons... »

En toi, mouvante, nous mouvant, en toi, vivante, nous taisant, nous te vivons enfin, mer d'alliance,

Ô Mer instance lumineuse et mer substance très glorieuse, nous t'acclamons enfin dans ton éclat de mer et ton essence propre :

Sur toutes baies frappées de rames étincelantes, sur toutes rives fouettées des chaînes du Barbare,

Ah! sur toutes rades déchirées de l'aigle de midi, et sur toutes places de pierres rondes ouvertes devant toi comme devant la Citadelle en armes,

Nous t'acclamons, Récit! — Et la foule est debout avec le Récitant, la Mer à toutes portes, rutilante, et couronnée de l'or du soir.

Et voici d'un grand vent descendu dans le soir à la rencontre du soir de mer, la foule en marche hors de l'arène, et tout l'envol des feuilles jaunes de la terre,

Et toute la Ville en marche vers la mer, avec les bêtes, à la main, parées d'orfèvrerie de cuivre, les figurants aux cornes engainées d'or, et toutes femmes s'enfiévrant, aussi l'étoile s'allumant aux premiers feux de ville dans les rues — toutes choses en marche vers la mer et le soir de haute mer et les fumées d'alliance sur les eaux,

Dans la promiscuité divine et la dépravation de l'homme chez les dieux...

5

— Sur la Ville déserte, au-dessus de l'arène, une feuille errante dans l'or du soir, en quête encore du front d'homme... Dieu l'étranger est à la ville, et le Poète, qui rentre seul avec les Filles moroses de la gloire :

« ... Mer de Baal, Mer de Mammon; Mer de tout âge et de tout nom!

« Mer utérine de nos songes et Mer hantée du songe vrai,

« Blessure ouverte à notre flanc, et chœur antique à notre porte,

« Ô toi l'offense et toi l'éclat! toute démence et toute aisance,

« Et toi l'amour et toi la haine, l'Inexorable et l'Exorable,

« Ô toi qui sais et ne sais pas, ô toi qui dis et ne dis pas,

« Toi de toutes choses instruite et dans toutes choses te taisant,

« Et dans toutes choses encore t'élevant contre le goût des larmes,

« Nourrice et mère, non marâtre, amante et mère du puîné,

« Ô Consanguine et très lointaine, ô toi l'inceste et toi l'aînesse,

« Et toi l'immense compassion de toutes choses périssables,

« Mer à jamais irrépudiable, et Mer enfin inséparable! Fléau d'honneur, pieuvre d'amour! ô Mer plénière conciliée,

« Est-ce toi, Nomade, qui nous passeras ce soir aux rives du Réel ? »

DÉDICACE

Midi, ses fauves, ses famines...

Midi, ses fauves, ses famines, et l'An de mer à son plus haut sur la table des Eaux...
— Quelles filles noires et sanglantes vont sur les sables violents longeant l'effacement des choses ?
Midi, son peuple, ses lois fortes... L'oiseau plus vaste sur son erre voit l'homme libre de son ombre, à la limite de son bien.
Mais notre front n'est point sans or. Et victorieuses encore de la nuit sont nos montures écarlates.

Ainsi les Cavaliers en armes, à bout de Continents, font au bord des falaises le tour des péninsules.
— Midi, ses forges, son grand ordre... Les promontoires ailés s'ouvrent au loin leur voie d'écume bleuissante.
Les temples brillent de tout leur sel. Les dieux s'éveillent dans le quartz.
Et l'homme de vigie, là-haut, parmi ses ocres, ses craies fauves, sonne midi le rouge dans sa corne de fer.

Midi, sa foudre, ses présages; Midi, ses fauves au forum, et son cri de pygargue sur les rades désertes!...
— Nous qui mourrons peut-être un jour disons l'homme immortel au foyer de l'instant.
L'Usurpateur se lève sur sa chaise d'ivoire. L'amant se lave de ses nuits.
Et l'homme au masque d'or se dévêt de son or en l'honneur de la Mer.

1953-1956.

OISEAUX

... Quantum non milvus oberret.
(... Plus que ne couvre le vol d'un milan.)
AULUS PERSIUS FLACCUS, *Sat. IV*, 5, 26.

I

L'oiseau, de tous nos consanguins le plus ardent à vivre, mène aux confins du jour un singulier destin. Migrateur, et hanté d'inflation solaire, il voyage de nuit, les jours étant trop courts pour son activité. Par temps de lune grise couleur du gui des Gaules, il peuple de son spectre la prophétie des nuits. Et son cri dans la nuit est cri de l'aube elle-même : cri de guerre sainte à l'arme blanche.

Au fléau de son aile l'immense libration d'une double saison; et sous la courbe du vol, la courbure même de la terre... L'alternance est sa loi, l'ambiguïté son règne. Dans l'espace et le temps qu'il couve d'un même vol, son hérésie est celle d'une seule estivation. C'est le scandale aussi du peintre et du poète, assembleurs de saisons aux plus hauts lieux d'intersection.

Ascétisme du vol!... L'oiseau, de tous nos commensaux le plus avide d'être, est celui-là qui, pour nourrir sa passion, porte secrète en lui la plus haute fièvre du sang. Sa grâce est dans la combustion. Rien là de symbolique : simple fait biologique. Et si légère pour nous est la matière oiseau, qu'elle semble, à contre-feu du jour, portée jusqu'à l'incandescence. Un homme en mer, flairant midi, lève la tête à cet esclandre : une mouette blanche ouverte sur le ciel, comme une main de femme contre la flamme d'une lampe, élève dans le jour la rose transparence d'une blancheur d'hostie...

Aile falquée du songe, vous nous retrouverez ce soir sur d'autres rives!

II

Les vieux naturalistes français, dans leur langue très sûre et très révérencieuse, après avoir fait droit aux attributs de l'aile — « hampe », « barbes », « étendard » de la plume; « rémiges » et « rectrices » des grandes pennes motrices; et toutes « mailles » et « macules » de la livrée d'adulte — s'attachaient de plus près au corps même, « territoire » de l'oiseau, comme à une parcelle infime du territoire terrestre. Dans sa double allégeance, aérienne et terrestre, l'oiseau nous était ainsi présenté pour ce qu'il est : un satellite infime de notre orbite planétaire.

On étudiait, dans son volume et dans sa masse, toute cette architecture légère faite pour l'essor et la durée du vol : cet allongement sternal en forme de navette, cette chambre forte d'un cœur accessible au seul flux artériel, et tout l'encagement de cette force secrète, gréée des muscles les plus fins. On admirait ce vase ailé en forme d'urne pour tout ce qui se consume là d'ardent et de subtil; et, pour hâter la combustion, tout ce système interstitiel d'une « pneumatique » de l'oiseau doublant l'arbre sanguin jusqu'aux vertèbres et phalanges.

L'oiseau, sur ses os creux et sur ses « sacs aériens », porté, plus légèrement que chaume, à l'excellence du vol, défiait toutes notions acquises en aérodynamique. L'étudiant, ou l'enfant trop curieux, qui avait une fois disséqué un oiseau, gardait longtemps mémoire de sa conformation nautique : de son aisance en tout à mimer le navire, avec sa cage thoracique en forme de carène et l'assemblage des couples sur la quille, la masse osseuse du château de proue, l'étrave ou rostre du bréchet, la ceinture scapulaire où s'engage la rame de l'aile, et la ceinture pelvienne ou s'instaure la poupe...

III

... Toutes choses connues du peintre dans l'instant même de son rapt, mais dont il doit faire abstraction pour rapporter d'un trait, sur l'aplat de sa toile, la somme vraie d'une mince tache de couleur.

Tache frappée comme d'un sceau, elle n'est pourtant chiffre ni sceau, n'étant signe ni symbole, mais la chose même dans son fait et sa fatalité — chose vive, en tout cas, et prise au vif de son tissu natal : greffon plutôt qu'extrait, synthèse plus qu'ellipse.

Ainsi, d'un « territoire » plus vaste que celui de l'oiseau, le peintre soustrait, par arrachement ou par lent détachement, jusqu'à pleine appropriation, ce pur fragment d'espace fait matière, fait tactile, et dont l'émaciation suprême devient la tache insulaire de l'oiseau sur la rétine humaine.

Des rives tragiques du réel jusqu'en ce lieu de paix et d'unité, silencieusement tiré, comme en un point médian ou « lieu géométrique », l'oiseau soustrait à sa troisième dimension n'a pourtant garde d'oublier le volume qu'il fut d'abord dans la main de son ravisseur. Franchissant la distance intérieure du peintre, il le suit vers un monde nouveau sans rien rompre de ses liens avec son milieu originel, son ambiance antérieure et ses affinités profondes. Un même espace poétique continue d'assurer cette continuité.

Telle est, pour l'oiseau peint de Braque, la force secrète de son « écologie ».

Nous connaissons l'histoire de ce Conquérant Mongol, ravisseur d'un oiseau sur son nid, et du nid sur son arbre, qui ramenait avec l'oiseau, et son nid et son chant, tout l'arbre natal lui-même, pris à son lieu, avec son peuple de racines, sa motte de terre et sa marge de terroir, tout son lambeau de « territoire » foncier évocateur de friche, de province, de contrée et d'empire...

IV

De ceux qui fréquentent l'altitude, prédateurs ou pêcheurs, l'oiseau de grande seigneurie, pour mieux fondre sur sa proie, passe en un laps de temps de l'extrême presbytie à l'extrême myopie : une musculature très fine de l'œil y pourvoit, qui commande en deux sens la courbure même du cristallin. Et l'aile haute alors, comme d'une Victoire ailée qui se consume sur elle-même, emmêlant à sa flamme la double image de la voile et du glaive, l'oiseau, qui n'est plus qu'âme et déchirement d'âme, descend, dans une vibration de faux, se confondre à l'objet de sa prise.

La fulguration du peintre, ravisseur et ravi, n'est pas moins verticale à son premier assaut, avant qu'il n'établisse, de plain-pied, et comme latéralement, ou mieux circulairement, son insistante et longue sollicitation. Vivre en intelligence avec son hôte devient alors sa chance et sa rétribution. Conjuration du peintre et de l'oiseau...

L'oiseau, hors de sa migration, précipité sur la planche du peintre, a commencé de vivre le cycle de ses mutations. Il habite la métamorphose. Suite sérielle et dialectique. C'est une succession d'épreuves et d'états, en voie toujours de progression vers une confession plénière, d'où monte enfin, dans la clarté, la nudité d'une évidence et le mystère d'une identité : unité recouvrée sous la diversité.

V

Pour l'oiseau schématique à son point de départ, quel privilège déjà, sur la page du ciel, d'être à soi-même l'arc et la flèche du vol! le thème et le propos!... À l'autre bout de cette évolution, sous son revêtement suprême, c'est un comble secret où s'intègre l'essentiel de tout un long report. Beauté alors de ce mot de « faciès », utilisé en géologie pour recouvrir historiquement, dans leur ensemble évolutif, tous les éléments constitutifs d'une même matière en formation.

Dans cette concision d'une fin qui rejoint son principe, l'oiseau de Braque demeure pour lui chargé d'histoire. De tout ce qu'élude, sciemment ou non, l'œil électif du peintre, la connaissance intime lui demeure. Une longue soumission au fait l'aura gardé de l'arbitraire, sans le soustraire au nimbe du surnaturel.

L'homme a rejoint l'innocence de la bête, et l'oiseau peint dans l'œil du chasseur devient le chasseur même dans l'œil de la bête, comme il advient dans l'art des Eskimos. Bête et chasseur passent ensemble le gué d'une quatrième dimension. De la difficulté d'être à l'aisance d'aimer vont enfin, du même pas, deux êtres vrais, appariés.

Nous voilà loin de la décoration. C'est la connaissance poursuivie comme une recherche d'âme et la nature enfin rejointe par l'esprit, après qu'elle lui a tout cédé. Une émouvante et longue méditation a retrouvé là l'immensité d'espace et d'heure où s'allonge l'oiseau nu, dans sa forme elliptique comme celle des cellules rouges de son sang.

VI

L'heure venue de la libération, plus qu'un envol d'oiseaux c'est un lancement silencieux des grandes images peintes, comme de navires sur leur ber...

Braque qui connaît la gloire la plus enviable, celle de voir son nom porté par un navire de haute mer — un beau navire laqué de blanc, sous pavillon nordique, et qu'animent à la proue six grands oiseaux plongeurs des mers arctiques — ne voudra point désavouer cette dernière image nautique : ses oiseaux effilés comme des sophismes d'Éléates sur l'indivisibilité de l'espace et du temps, s'ils éternisent au point fixe le mouvement même du vol, n'ont rien du papillon fixé par l'épingle viennoise de l'entomologiste, mais bien plutôt sont-ils, entre les trente-deux aires de la rose des vents, sur ce fond d'œil incorruptible qu'est la boussole marine, comme l'aiguille magnétique en transe sur son pivot de métal bleu.

Les vieux pilotes de Chine et d'Arabie regardaient ainsi s'orienter de lui-même, au niveau du bol d'eau, l'oiseau peint et flottant sur son index de liège traversé d'une aiguille aimantée.

VII

... Rien là d'inerte ni de passif. Dans cette fixité du vol qui n'est que laconisme, l'activité demeure combustion. Tout à l'actif du vol, et virements de compte à cet actif!

L'oiseau succinct de Braque n'est point simple motif. Il n'est point filigrane dans la feuille du jour, ni même empreinte de main fraîche dans l'argile des murs. Il n'habite point, fossile, le bloc d'ambre ni de houille. Il vit, il vogue, se consume — concentration sur l'être et constance dans l'être. Il s'adjoint, comme la plante, l'énergie lumineuse, et son avidité est telle qu'il ne perçoit, du spectre solaire, le violet ni le bleu. Son aventure est aventure de guerre, sa patience « vertu » au sens antique du mot. Il rompt, à force d'âme, le fil de sa gravitation. Son ombre au sol est congédiée. Et l'homme gagné de même abréviation se couvre en songe du plus clair de l'épée.

Ascétisme du vol!... L'être de plume et de conquête, l'oiseau, né sous le signe de la dissipation, a rassemblé ses lignes de force. Le vol lui tranche les pattes et l'excès de sa plume. Plus bref qu'un alérion, il tend à la nudité lisse de l'engin, et porté d'un seul jet jusqu'à la limite spectrale du vol, il semble près d'y laisser l'aile, comme l'insecte après le vol nuptial.

C'est une poésie d'action qui s'est engagée là.

VIII

Oiseaux, et qu'une longue affinité tient aux confins de l'homme... Les voici, pour l'action, armés comme filles de l'esprit. Les voici, pour la transe et l'avant-création, plus nocturnes qu'à l'homme la grande nuit du songe clair où s'exerce la logique du songe.

Dans la maturité d'un texte immense en voie toujours de formation, ils ont mûri comme des fruits, ou mieux comme des mots : à même la sève et la substance originelle. Et bien sont-ils comme des mots sous leur charge magique : noyaux de force et d'action, foyers d'éclairs et d'émissions, portant au loin l'initiative et la prémonition.

Sur la page blanche aux marges infinies, l'espace qu'ils mesurent n'est plus qu'incantation. Ils sont, comme dans le mètre, quantités syllabiques. Et procédant, comme les mots, de lointaine ascendance, ils perdent, comme les mots, leur sens à la limite de la félicité.

À l'aventure poétique ils eurent part jadis, avec l'augure et l'aruspice. Et les voici, vocables assujettis au même enchaînement, pour l'exercice au loin d'une divination nouvelle... Au soir d'antiques civilisations, c'est un oiseau de bois, les bras en croix saisis par l'officiant, qui tient le rôle du scribe dans l'écriture médiumnique, comme aux mains du sourcier ou du géomancien.

Oiseaux, nés d'une inflexion première pour la plus longue intonation... Ils sont, comme les mots, portés du rythme universel; ils s'inscrivent d'eux-mêmes, et comme d'affinité, dans la plus large strophe errante que l'on ait vue jamais se dérouler au monde.

Heureux, ah! qu'ils tendent jusqu'à nous, d'un bord à l'autre de l'océan céleste, cet arc immense d'ailes peintes qui nous assiste et qui nous cerne, ah! qu'ils en portent tout l'honneur à force d'âme, parmi nous!...

L'homme porte le poids de sa gravitation comme une meule au cou, l'oiseau comme une plume peinte au front. Mais au bout de son fil invisible, l'oiseau de Braque n'échappe pas plus à la fatalité terrestre qu'une particule rocheuse dans la géologie de Cézanne.

IX

D'une parcelle à l'autre du temps partiel, l'oiseau, créateur de son vol, monte aux rampes invisibles et gagne sa hauteur...

De notre profondeur nocturne, comme d'un écubier sa chaîne, il tire à lui, gagnant le large, ce trait sans fin de l'homme qui ne cesse d'aggraver son poids. Il tient, de haut, le fil de notre veille. Et pousse un soir ce cri d'ailleurs, qui fait lever en songe la tête du dormeur.

Nous l'avons vu, sur le vélin d'une aube; ou comme il passait, noir — c'est-à-dire blanc — sur le miroir d'une nuit d'automne, avec les oies sauvages des vieux poètes Song, et nous laissait muets dans le bronze des gongs.

À des lieux sans relais il tend de tout son être. Il est notre émissaire et notre initiateur. « Maître du Songe, dis-nous le songe!... »

Mais lui, vêtu de peu de gris ou bien s'en dévêtant, pour nous mieux dire un jour l'inattachement de la couleur — dans tout ce lait de lune grise ou verte et de semence heureuse, dans toute cette clarté de nacre rose ou verte qui est aussi celle du songe, étant celle des pôles et des perles sous la mer — il naviguait avant le songe, et sa réponse est : « Passer outre!... »

De tous les animaux qui n'ont cessé d'habiter l'homme comme une arche vivante, l'oiseau, à très longs cris, par son incitation au vol, fut seul à doter l'homme d'une audace nouvelle.

X

Gratitude du vol!... Ceux-ci en firent leur délice.

Sur toutes mesures du temps loisible, et de l'espace, délectable, ils étendent leur loisir et leur délectation : oiseaux du plus long jour et du plus long grief...

Plus qu'ils ne volent, ils viennent à part entière au délice de l'être : oiseaux du plus long jour et du plus long propos, avec leurs fronts de nouveau-nés ou de dauphins des fables...

Ils passent, c'est durer, ou croisent, c'est régner : oiseaux du plus long jour et du plus long désir... L'espace nourricier leur ouvre son épaisseur charnelle, et leur maturité s'éveille au lit même du vent.

Gratitude du vol!... Et l'étirement du long désir est tel, et de telle puissance, qu'il leur imprime parfois ce gauchissement de l'aile qu'on voit, au fond des nuits australes, dans l'armature défaillante de la Croix du Sud...

Longue jouissance et long mutisme... Nul sifflement, là-haut, de frondes ni de faux. Ils naviguaient déjà tous feux éteints, quand descendit sur eux la surdité des dieux...

Et qui donc sut jamais si, sous la triple paupière aux teintes ardoisées, l'ivresse ou l'affre du plaisir leur tenait l'œil mi-clos ? Effusion faite permanence, et l'immersion, totale...

À mi-hauteur entre ciel et mer, entre un amont et un aval d'éternité, se frayant route d'éternité, ils sont nos médiateurs, et tendent de tout l'être à l'étendue de l'être...

Leur ligne de vol est latitude, à l'image du temps comme nous l'accommodons. Ils nous passent toujours par le travers du songe, comme locustes devant la face... Ils suivent à longueur de temps leurs pistes sans ombrage, et se couvrent de l'aile, dans midi, comme du souci des rois et des prophètes.

XI

Tels sont les oiseaux de Georges Braque, qu'ils soient de steppe ou bien de mer, d'espèce côtière ou pélagienne.

Sur l'étendue d'un jour plus long que celui né de nos ténèbres, avec cette tension dardée de tout le corps, ou cet allongement sinueux des anses du col qui n'est pas moins suspect, ils tiennent aux strates invisibles du ciel, comme aux lignes visibles d'une portée musicale, la longue modulation d'un vol plus souple que n'est l'heure.

Au point où se résout l'accord, ne cherchez point le lieu ni l'âge de leur filiation : oiseaux de tous rivages et de toutes saisons, ils sont princes de l'ubiquité. Et d'abord engagés sur la table du jour comme mortaises et tenons entre les parts d'un même tout, ils virent à des noces plus hautaines que celles du *Ying* et du *Yang*.

Au point d'hypnose d'un œil immense habité par le peintre, comme l'œil même du cyclone en course — toutes choses rapportées à leurs causes lointaines et tous feux se croisant — c'est l'unité enfin renouée et le divers réconcilié. Après telle et si longue consommation du vol, c'est la grande ronde d'oiseaux peints sur la roue zodiacale, et le rassemblement d'une famille entière d'ailes dans le vent jaune, comme une seule et vaste hélice en quête de ses pales.

Et parce qu'ils cherchent l'affinité, en ce non-lieu très sûr et très vertigineux, comme en un point focal où l'œil d'un Braque cherche la fusion des éléments, il leur arrive de mimer là quelque nageoire sous-marine, quelque aileron de flamme vive ou quelque couple de feuilles au vent.

Ou bien les voici, dans tout ce haut suspens, comme graines ailées, samares géantes et semences d'érables : oiseaux semés au vent d'une aube, ils ensemencent à long terme nos sites et nos jours...

Ainsi les cavaliers d'Asie centrale, montés sur leurs bêtes précaires, sèment au vent du désert, pour le mieux repeupler, des effigies légères de chevaux brefs sur découpures de papier blanc...

Braque, vous ensemencez d'espèces saintes l'espace occidental. Et le district de l'homme s'en trouve comme fécondé... En monnaies et semences d'oiseaux peints, que soit payé pour nous le prix du Siècle!

XII

... Ce sont les oiseaux de Georges Braque : plus près du genre que de l'espèce, plus près de l'ordre que du genre; prompts à rallier d'un même trait la souche mère et l'avatar, jamais hybrides et pourtant millénaires. Ils porteraient, en bonne nomenclature, cette répétition du nom dont les naturalistes se plaisent à honorer le type élu comme archétype : *Bracchus Avis Avis*...

Ce ne sont plus grues de Camargue ni goélands des côtes normandes ou de Cornouaille, hérons d'Afrique ou d'Île-de-France, milans de Corse ou de Vaucluse, ni palombes des cols pyrénéens; mais tous oiseaux de même faune et de même vocation, tenant caste nouvelle et d'antique lignage.

Tout synthétiques qu'ils soient, ils sont de création première et ne remontent point le cours d'une abstraction. Ils n'ont point fréquenté le mythe ni la légende; et, répugnant de tout leur être à cette carence qu'est le symbole, ils ne relèvent d'aucune Bible ni Rituel.

Ils n'ont pas joué aux dieux d'Égypte ou de Susiane. Ils n'étaient pas avec la colombe de Noé, ni le vautour de Prométhée; non plus qu'avec ces oiseaux Ababils dont il est fait mention au livre de Mahomet.

Oiseaux sont-ils, de faune vraie. Leur vérité est l'inconnue de tout être créé. Leur loyauté, sous maints profils, fut d'incarner une constance de l'oiseau.

Ils n'en tirent point littérature. Ils n'ont fouillé nulles

entrailles ni vengé nul blasphème. Et qu'avaient-ils à faire de « l'aigle jovien » dans la première Pythique de Pindare ? Ils n'auront point croisé « les grues frileuses » de Maldoror, ni le grand oiseau blanc d'Edgar Poe dans le ciel défaillant d'Arthur Gordon Pym. L'albatros de Baudelaire ni l'oiseau supplicié de Coleridge ne furent leurs familiers. Mais du réel qu'ils sont, non de la fable d'aucun conte, ils emplissent l'espace poétique de l'homme, portés d'un trait réel jusqu'aux abords du surréel.

Oiseaux de Braque, et de nul autre... Inallusifs et purs de toute mémoire, ils suivent leur destin propre, plus ombrageux que nulle montée de cygnes noirs à l'horizon des mers australes. L'innocence est leur âge. Ils courent leur chance près de l'homme. Et s'élèvent au songe dans la même nuit que l'homme.

Sur l'orbe du plus grand Songe qui nous a tous vus naître, ils passent, nous laissant à nos histoires de villes... Leur vol est connaissance, l'espace est leur aliénation.

XIII

Oiseaux, lances levées à toutes frontières de l'homme!...

L'aile puissante et calme, et l'œil lavé de sécrétions très pures, ils vont et nous devancent aux franchises d'outre-mer, comme aux Échelles et Comptoirs d'un éternel Levant. Ils sont pèlerins de longue pérégrination, Croisés d'un éternel An Mille. Et aussi bien furent-ils « croisés » sur la croix de leurs ailes... Nulle mer portant bateaux a-t-elle jamais connu pareil concert de voiles et d'ailes sur l'étendue heureuse ?

Avec toutes choses errantes par le monde et qui sont choses au fil de l'heure, ils vont où vont tous les oiseaux du monde, à leur destin d'êtres créés... Où va le mouvement même des choses, sur sa houle, où va le cours même du ciel, sur sa roue — à cette immensité de vivre et de créer dont s'est émue la plus grande nuit de mai, ils vont, et doublant plus de caps que n'en lèvent nos songes, ils passent, nous laissant à l'Océan des choses libres et non libres...

Ignorants de leur ombre, et ne sachant de mort que ce qui s'en consume d'immortel au bruit lointain des grandes eaux, ils passent, nous laissant, et nous ne sommes plus les mêmes. Ils sont l'espace traversé d'une seule pensée.

Laconisme de l'aile! ô mutisme des forts... Muets sont-ils, et de haut vol, dans la grande nuit de l'homme. Mais à l'aube, étrangers, ils descendent vers nous : vêtus de ces couleurs de l'aube — entre bitume et givre — qui sont les couleurs mêmes du fond de l'homme... Et de cette aube de fraîcheur, comme d'un ondoiement très pur, ils gardent parmi nous quelque chose du songe de la création.

Washington, mars 1962.

POÉSIE

Allocution au banquet Nobel
du 10 décembre 1960

J'ai accepté pour la poésie l'hommage qui lui est ici rendu, et que j'ai hâte de lui restituer.

La poésie n'est pas souvent à l'honneur. C'est que la dissociation semble s'accroître entre l'œuvre poétique et l'activité d'une société soumise aux servitudes matérielles. Écart accepté, non recherché par le poète, et qui serait le même pour le savant sans les applications pratiques de la science.

Mais du savant comme du poète, c'est la pensée désintéressée que l'on entend honorer ici. Qu'ici du moins ils ne soient plus considérés comme des frères ennemis. Car l'interrogation est la même qu'ils tiennent sur un même abîme, et seuls leurs modes d'investigation diffèrent.

Quand on mesure le drame de la science moderne découvrant jusque dans l'absolu mathématique ses limites rationnelles; quand on voit, en physique, deux grandes doctrines maîtresses poser, l'une un principe général de relativité, l'autre un principe « quantique » d'incertitude et d'indéterminisme qui limiterait à jamais l'exactitude même des mesures physiques; quand on a entendu le plus grand novateur scientifique de ce siècle, initiateur de la cosmologie moderne et répondant de la plus vaste synthèse intellectuelle en termes d'équations, invoquer l'intuition au secours de la raison et proclamer que « l'imagination est le vrai terrain de germination scientifique », allant même jusqu'à réclamer pour le savant le bénéfice d'une véritable « vision artistique » — n'est-on pas en droit de tenir l'instrument poétique pour aussi légitime que l'instrument logique ?

Au vrai, toute création de l'esprit est d'abord « poétique » au sens propre du mot; et dans l'équivalence des formes sensibles et spirituelles, une même fonction s'exerce, initialement, pour l'entreprise du savant et pour celle du poète. De la pensée discursive ou de l'ellipse poétique, qui va plus loin, et de plus loin ? Et de cette nuit originelle où tâtonnent deux aveugles-nés, l'un équipé de l'outillage scientifique, l'autre assisté des seules fulgurations de l'intuition, qui donc plus tôt remonte, et plus chargé de brève phosphorescence ? La réponse n'importe. Le mystère est commun. Et la grande aventure de l'esprit poétique ne le cède en rien aux ouvertures dramatiques de la science moderne. Des astronomes ont pu s'affoler d'une théorie de l'univers en expansion; il n'est pas moins d'expansion dans l'infini moral de l'homme — cet univers. Aussi loin que la science recule ses frontières, et sur tout l'arc étendu de ces frontières, on entendra courir encore la meute chasseresse du poète. Car si la poésie n'est pas, comme on l'a dit, « le réel absolu », elle en est bien la plus proche convoitise et la plus proche appréhension, à cette limite extrême de complicité où le réel dans le poème semble s'informer lui-même.

Par la pensée analogique et symbolique, par l'illumination lointaine de l'image médiatrice, et par le jeu de ses correspondances, sur mille chaînes de réactions et d'associations étrangères, par la grâce enfin d'un langage où se transmet le mouvement même de l'Être, le poète s'investit d'une surréalité qui ne peut être celle de la science. Est-il chez l'homme plus saisissante dialectique et qui de l'homme engage plus ? Lorsque les philosophes eux-mêmes désertent le seuil métaphysique, il advient au poète de relever là le métaphysicien; et c'est la poésie alors, non la philosophie, qui se révèle la vraie « fille de l'étonnement », selon l'expression du philosophe antique à qui elle fut le plus suspecte.

Mais plus que mode de connaissance, la poésie est d'abord mode de vie — et de vie intégrale. Le poète existait dans l'homme des cavernes, il existera dans l'homme des âges atomiques : parce qu'il est part irréductible de l'homme. De l'exigence poétique, exigence spirituelle, sont nées les religions elles-mêmes, et par la grâce poétique, l'étincelle du divin vit à jamais dans le silex humain. Quand les mythologies s'effondrent, c'est dans la poésie que trouve refuge le divin; peut-être même son relais. Et jusque dans l'ordre social et l'immédiat humain, quand les Porteuses de pain de l'antique cortège cèdent le pas aux Porteuses de flambeaux, c'est à l'imagination poétique que s'allume encore la haute passion des peuples en quête de clarté.

Fierté de l'homme en marche sous sa charge d'éternité! Fierté de l'homme en marche sous son fardeau d'humanité, quand pour lui s'ouvre un humanisme nouveau, d'universalité réelle et d'intégralité psychique... Fidèle à son office, qui est l'approfondissement même du mystère de l'homme, la poésie moderne s'engage dans une entreprise dont la poursuite intéresse la pleine intégration de l'homme. Il n'est rien de pythique dans une telle poésie. Rien non plus de purement esthétique. Elle n'est point art d'embaumeur ni de décorateur. Elle n'élève point des perles de culture, ne trafique point de simulacres ni d'emblèmes, et d'aucune fête musicale elle ne saurait se contenter. Elle s'allie, dans ses voies, la beauté, suprême alliance, mais n'en fait point sa fin ni sa seule pâture. Se refusant à dissocier l'art de la vie, ni de l'amour la connaissance, elle est action, elle est passion, elle est puissance, et novation toujours qui déplace les bornes. L'amour est son foyer, l'insoumission sa loi, et son lieu est partout, dans l'anticipation. Elle ne se veut jamais absence ni refus.

Elle n'attend rien pourtant des avantages du siècle. Attachée à son propre destin, et libre de toute idéologie, elle se connaît égale à la vie même, qui n'a d'elle-même à justifier. Et c'est d'une même étreinte, comme une seule grande strophe vivante, qu'elle embrasse au présent tout le passé et l'avenir, l'humain avec le surhumain, et tout l'espace planétaire avec l'espace universel. L'obscurité qu'on lui reproche ne tient pas à sa nature propre, qui est d'éclairer, mais à la nuit même qu'elle explore, et qu'elle se doit d'explorer : celle de l'âme elle-même et du mystère où baigne l'être humain. Son expression toujours s'est interdit l'obscur, et cette expression n'est pas moins exigeante que celle de la science.

Ainsi, par son adhésion totale à ce qui est, le poète tient pour nous liaison avec la permanence et l'unité de l'Être. Et sa leçon est d'optimisme. Une même loi d'harmonie régit pour lui le monde entier des choses. Rien n'y peut advenir qui par nature excède la mesure de l'homme. Les pires bouleversements de l'histoire ne sont que rythmes saisonniers dans un plus vaste cycle d'enchaînements et de renouvellements. Et les Furies qui traversent la scène, torche haute, n'éclairent qu'un instant du très long thème en cours. Les civilisations mûrissantes ne meurent point des affres d'un automne, elles ne font que muer. L'inertie seule est menaçante. Poète est celui-là qui rompt pour nous l'accoutumance.

Et c'est ainsi que le poète se trouve aussi lié, malgré lui, à l'événement historique. Et rien du drame de son temps ne lui est étranger. Qu'à tous il dise clairement le goût de vivre ce temps fort! Car l'heure est grande et neuve, où se saisir à neuf. Et à qui donc céderions-nous l'honneur de notre temps ?...

« Ne crains pas », dit l'Histoire, levant un jour son masque de violence — et de sa main levée elle fait ce geste conciliant de la Divinité asiatique au plus fort de sa danse destructrice. « Ne crains pas, ni ne doute — car le doute est stérile et la crainte est servile. Écoute plutôt ce battement rythmique que ma main haute imprime, novatrice, à la grande phrase humaine en voie toujours de création. Il n'est pas vrai que la vie puisse se renier elle-même. Il n'est rien de vivant qui de néant procède, ni de néant s'éprenne. Mais rien non plus ne garde forme ni mesure, sous l'incessant afflux de l'Être. La tragédie n'est pas dans la métamorphose elle-même. Le vrai drame du siècle est dans l'écart qu'on laisse croître entre l'homme temporel et l'homme intemporel. L'homme éclairé sur un versant va-t-il s'obscurcir sur l'autre ? Et sa maturation forcée, dans une communauté sans communion, ne sera-t-elle que fausse maturité ?... »

Au poète indivis d'attester parmi nous la double vocation de l'homme. Et c'est hausser devant l'esprit un miroir plus sensible à ses chances spirituelles. C'est évoquer dans le siècle même une condition humaine plus digne de l'homme originel. C'est associer enfin plus hardiment l'âme collective à la circulation de l'énergie spirituelle dans le monde... Face à l'énergie nucléaire, la lampe d'argile du poète suffira-t-elle à son propos ? — Oui, si d'argile se souvient l'homme.

Et c'est assez, pour le poète, d'être la mauvaise conscience de son temps.

TABLE

AMERS

INVOCATION

STROPHE

CHŒUR

DÉDICACE

OISEAUX

POÉSIE

DU MÊME AUTEUR

Dans la même collection

ÉLOGES, *suivi de* LA GLOIRE DES ROIS, ANABASE, EXIL.

VENTS *suivi de* CHRONIQUE et de CHANT POUR UN ÉQUINOXE.

DERNIÈRES PARUTIONS

85.	Charles Baudelaire	*Les Fleurs du Mal.*
86.	Hölderlin	*Hypérion.*
87.	Arthur Rimbaud	*Poésies. Une saison en enfer. Illuminations.*
88.	Lautréamont	*Œuvres complètes.*
89.	Alfred de Vigny	*Poèmes antiques et modernes. Les Destinées.*
90.	Michel Deguy	*Poèmes 1960-1970.*
91.	Victor Hugo	*Les Contemplations.*
92.	Tristan Corbière	*Les Amours jaunes.*
93.	Paul Verlaine	*Fêtes galantes, Romances sans paroles* précédé de *Poèmes saturniens.*
94.	Paul Morand	*Poèmes.*
95.	Charles Baudelaire	*Petits Poëmes en prose.*
96.	François Villon	*Poésies.*
97.	Victor Segalen	*Stèles.*
98.	Toukârâm	*Psaumes du pèlerin.*
99.	Marguerite Yourcenar	*Fleuve profond, sombre rivière.*
100.	Gérard de Nerval	*Poésies et Souvenirs.*
101.	Paul Éluard	*Le livre ouvert.*
102.	Paul Valéry	*La Jeune Parque.*
103.	Paul Claudel	*Connaissance de l'Est.*
104.	Pierre de Ronsard	*Les Amours.*
105.	Jean de La Fontaine	*Fables,* Livres I à VII.
106.	Jean de La Fontaine	*Fables,* Livres VIII à XII.
107.	Dante	*Vita Nova.*
108.	Virgile	*Énéide.*
109.	Joachim Du Bellay	*Les Regrets. Les Antiquités de Rome.*

110.	William Shakespeare	*Sonnets.*
111.	Paul Verlaine	*Sagesse. Amour. Bonheur.*
112.	Robert Desnos	*Destinée arbitraire.*
113.	Stéphane Mallarmé	*Igitur. Divagations. Un coup de dés.*
114.	Aragon	*Les Poètes.*
115.	Alfred de Musset	*Premières Poésies. Poésies nouvelles.*
116.	Francis Ponge	*La rage de l'expression.*
117.	Pablo Neruda	*Mémorial de l'Île Noire* suivi de *Encore.*
118.	Victor Hugo	*Les Châtiments.*
119.	Alfred Jarry	*Les Minutes de sable mémorial. César-Antechrist.*
120.	Guillevic	*Sphère.*
121.	Rainer Maria Rilke	*Vergers.*
122.	Paul Éluard	*Donner à voir.*
123.	***	*Anthologie de la poésie japonaise classique.*
124.	René Char	*Le Nu perdu.*
125.	Constantin Cavafy	*Poèmes.*
126.	Octavio Paz	*Versant Est.*
127.	Guillaume Apollinaire	*Le Poète assassiné.*
128.	Cesare Pavese	*Travailler fatigue. La mort viendra et elle aura tes yeux.*
129.	Jules Laforgue	*Poésies complètes,* I.
130.	Jules Laforgue	*Poésies complètes,* II.
131.	Paul-Jean Toulet	*Les Contrerimes.*
132.	Paul Verlaine	*La Bonne Chanson. Jadis et naguère. Parallèlement.*
133.	André Pieyre de Mandiargues	*Le point où j'en suis.*
134.	Rabindranath Tagore	*Le Jardinier d'amour.*
135.	Francis Ponge	*Lyres.*
136.	Aloysius Bertrand	*Gaspard de la Nuit.*
137.	Aragon	*Le Crève-Cœur.*
138.	Novalis	*Les Disciples à Saïs. Hymnes à la Nuit.*
139.	Max Jacob	*Le laboratoire central.*
140.	Pier Paolo Pasolini	*Poésies 1953-1964.*
141.	Victor Hugo	*Odes et Ballades.*
142.	Francis Jammes	*Clairières dans le Ciel.*

143.	Alfred Jarry	*Gestes et opinions du Docteur Faustroll. L'Amour Absolu.*
144.	Antonio Machado	*Champs de Castille.*
145.	Alphonse de Lamartine	*Méditations poétiques.*
146.	Joë Bousquet	*La Connaissance du Soir.*
147.	Giuseppe Ungaretti	*Vie d'un homme.*
148.	Jacques Audiberti	*Des Tonnes de semence. Toujours.*
149.	Germain Nouveau	*La Doctrine de l'Amour.*
150.	Raymond Queneau	*Courir les rues. Battre la campagne. Fendre les flots.*
151.	Victor Hugo	*Les Orientales. Les Feuilles d'automne.*
152.	Pierre Reverdy	*Ferraille.*
153.	José-Maria de Heredia	*Les Trophées.*
154.	Théophile Gautier	*Émaux et Camées.*
155.	Ossip Mandelstam	*Tristia.*
156.	***	*Anthologie de la poésie chinoise classique.*
157.	Paul Éluard	*Une leçon de morale.*
158.	Yves Bonnefoy	*Poèmes.*
159.	Giacomo Leopardi	*Canti.*
160.	Max Jacob	*Derniers poèmes en vers et en prose.*
161.	Edgar Poe	*Poèmes.*
162.	Victor Hugo	*Les Chansons des rues et des bois.*
163.	Émile Verhaeren	*Les Campagnes hallucinées. Les Villes tentaculaires.*
164.	Pierre Mac Orlan	*Poésies documentaires complètes.*
165.	François Malherbe	*Poésies.*
166.	Alain Bosquet	*Sonnets pour une fin de siècle.*
167.	Lorand Gaspar	*Sol absolu.*
168.	***	*Anthologie de la poésie française du XXe siècle.*
169.	Victor Hugo	*Les Chants du crépuscule. Les Voix intérieures. Les Rayons et les Ombres.*
170.	Maurice Fombeure	*Les étoiles brûlées.*
171.	Emily Brontë	*Poèmes.*
172.	François Pétrarque	*Canzoniere.*
173.	Louise Labé	*Œuvres poétiques.*

174.	Jules Romains	*La Vie unanime.*
175.	Édouard Glissant	*Le sel noir.*
176.	Jean Cocteau	*Vocabulaire. Plain-Chant.*
177.	Claude Roy	*Sais-tu si nous sommes encore loin de la mer ?*
178.	Marceline Desbordes-Valmore	*Poésies.*
179.	Jean Follain	*Usage du temps.*
180.	Marie Noël	*Les Chansons et les Heures.*
181.	Maurice Maeterlinck	*Serres chaudes. Quinze Chansons. La Princesse Maleine.*
182.	Pablo Neruda	*Chant général.*
183.	Maurice de Guérin	*Poésie.*
184.	André Frénaud	*La Sorcière de Rome.*
185.	Federico García Lorca	*Suites. Sonnets de l'amour obscur.*
186.	Maurice Scève	*Délie.*
187.	Georges-Emmanuel Clancier	*Le paysan céleste.*
188.	Victor Hugo	*La Fin de Satan.*
189.	Goethe	*Le Divan.*
190.	Marguerite Yourcenar	*La Couronne et la Lyre.*
191.	***	*Anthologie de la poésie française du* XIX*e siècle,* I.
192.	Paul Claudel	*Art Poétique.*
193.	Philippe Soupault	*Georgia. Épitaphes. Chansons.*
194.	Victor Hugo	*L'Année terrible.*
195.	Nicolas Boileau	*Satires. Épîtres. Art poétique.*
196.	Jorge Luis Borges	*Œuvre poétique, 1925-1965.*
197.	Alain Bosquet	*Poèmes, un.*
198.	Pierre de Ronsard	*Les Quatre Saisons.*
199.	André Frénaud	*La Sainte Face.*
200.	Guillevic	*Du domaine.*
201.	Henri Michaux	*Plume.*
202.	Charles Leconte de Lisle	*Poèmes barbares.*
203.	Victor Segalen	*Odes. Thibet.*
204.	Charles Péguy	*Le Porche du mystère de la deuxième vertu.*
205.	Michel Deguy	*Poèmes II (1970-1980).*
206.	André Salmon	*Carreaux.*
207.	Robert Mallet	*Quand le miroir s'étonne.*
208.	André Gide	*Les Cahiers et les Poésies d'André Walter.*

209.	Rutebeuf	*Poèmes de l'infortune.*
210.	Henri Michaux	*Ailleurs (Voyage en Grande Garabagne. Au pays de la Magie. Ici, Poddema).*
211.	Jean Tardieu	*L'accent grave et l'accent aigu.*
212.	Jean-Paul de Dadelsen	*Jonas.*
213.	Clément Marot	*L'Adolescence clémentine.*
214.	Fernando Pessoa	*Le Gardeur de troupeaux* et les autres poèmes d'Alberto Caeiro avec *Poésies d'Alvaro de Campos.*
215.	Georges Ribemont-Dessaignes	*Ecce Homo.*
216.	***	*Anthologie de la poésie française du XVIIe siècle.*
217.	Henri Michaux	*La nuit remue.*
218.	Virgile	*Géorgiques.*
219.	Jules Supervielle	*La Fable du monde. Oublieuse mémoire.*
220.	André Frénaud	*Les Rois mages.*
221.	Jacques Réda	*Amen. Récitatif. La tourne.*
222.	Daniel Boulanger	*Retouches.*
223.	Alain Bosquet	*Un jour après la vie.*
224.	Henri Michaux	*Connaissance par les gouffres.*
225.	Boris Pasternak	*Ma sœur la vie* et autres poèmes.
226.	Georges Perros	*Une vie ordinaire.*
227.	Jacques Roubaud	*ε.*
228.	Henri Michaux	*Épreuves, exorcismes.*
229.	Georges Séféris	*Poèmes,* suivi de *Trois poèmes secrets.*
230.	Pierre Reverdy	*Plupart du temps.*
231.	***	*Chansonnier révolutionnaire.*
232.	***	*Anthologie de la poésie lyrique française des XIIe et XIIIe siècles.*
233.	Daniel Boulanger	*Tchadiennes.*
234.	René Char	*Éloge d'une Soupçonnée.*
235.	Henri Michaux	*La vie dans les plis.*
236.	Robert Sabatier	*Les châteaux de millions d'années.*
237.	Norge	*Poésies 1923-1988.*
238.	Octavio Paz	*Le feu de chaque jour.*
239.	Claude Roy	*À la lisière du temps.*

240. Edmond Jabès — *Le Seuil Le Sable.*
241. Pierre Louÿs — *Les Chansons de Bilitis.*
242. Miguel Angel Asturias — *Poèmes indiens.*
243. Georg Trakl — *Crépuscule et déclin.*
244. Henri Michaux — *Misérable miracle.*
245. Eugène Guillevic — *Étier* suivi de *Autres.*
246. Adonis — *Mémoire du vent.*
247. Max Jacob — *Poèmes de Morven le Gaëlique.*
248. Dylan Thomas — *Vision et Prière.*
249. *** — *Chansons françaises de la Renaissance.*
250. Eugenio Montale — *Poèmes choisis (1916-1980).*
251. Herman Melville — *Poèmes de guerre.*
252. André du Bouchet — *Dans la chaleur vacante.*
253. Gaspara Stampa — *Poèmes.*
254. Daniel Boulanger — *Intailles.*
255. Martial — *Épigrammes.*
256. Michel-Ange — *Poèmes.*
257. John Donne — *Poèmes.*
258. Henri Michaux — *Face aux verrous.*
259. William Faulkner — *Le Faune de marbre. Un rameau vert.*
260. Walt Whitman — *Poèmes.*
261. Stéphane Mallarmé — *Poésies.*
262. Yves Bonnefoy — *Rue Traversière.*
263. *** — *Anthologie de la poésie française du* XIX*e* *siècle,* II.
264. Hugo von Hofmannsthal — *Lettre de Lord Chandos.*
265. Paul Valéry — *Ego scriptor.*
266. Goethe — *Élégie de Marienbad.*
267. Lorand Gaspar — *Égée. Judée.*
268. Jacques Réda — *Les Ruines de Paris.*
269. Jude Stéfan — *À la Vieille Parque.*
270. Rainer Maria Rilke — *Lettres à un jeune poète.*
271. Pierre Torreilles — *Denudare.*
272. Friedrich Hölderlin — *Odes. Élégies. Hymnes.*
273. W.B. Yeats — *Quarante-cinq poèmes.*
274. Bernard Noël — *La Chute des temps.*
275. *** — *Anthologie de la poésie russe.*
276. André Chénier — *Poésies.*
277. Philippe Jaccottet — *À la lumière d'hiver.*
278. Daniel Boulanger — *Hôtel de l'image.*
279. Charles Leconte de Lisle — *Poèmes antiques.*

280.	Alexandre Pouchkine	*Poésies.*
281.	Elizabeth Browning	*Sonnets portugais.*
282.	Henri Michaux	*L'infini turbulent.*
283.	Rainer Maria Rilke	*Élégies de Duino. Sonnets à Orphée.*
284.	Maurice Blanchard	*Les Barricades mystérieuses.*
285.	Omar Khayam	*Rubayat.*
286.	Agrippa d'Aubigné	*Les Tragiques.*
287.	Jean Cassou	*Trente-trois sonnets composés au secret.*
288.	***	*La planche de vivre.*
289.	Pierre Jean Jouve	*Dans les années profondes.*
290.	John Milton	*Le Paradis perdu.*
291.	Pablo Neruda	*La Centaine d'amour.*
292.	Yves Bonnefoy	*Ce qui fut sans lumière.*
293.	Pier Paolo Pasolini	*Poèmes de jeunesse et quelques autres.*
294.	Jacques Audiberti	*Ange aux entrailles.*
295.	Henri Pichette	*Apoèmes.*
296.	Stéphane Mallarmé	*Vers de circonstance.*
297.	John Keats	*Poèmes et poésies.*
298.	Paul Claudel	*Cent phrases pour éventails.*
299.	Louis Calaferte	*Rag-time.*
300.	André Breton	*Poisson soluble.*
301.	David Herbert Lawrence	*Poèmes.*

Ce volume,
le cinquante-troisième de la collection Poésie,
a été achevé d'imprimer sur les presses
de l'imprimerie Bussière à Saint-Amand (Cher),
le 13 mai 1996.
Dépôt légal : mai 1996.
1er dépôt légal dans la collection : janvier 1970.
Numéro d'imprimeur : 1087.
ISBN 2-07-030248-2./Imprimé en France.

77809